Permacultura
e as Tecnologias de Convivência

Dados Internacionais de Catalogação na Publicação (CIP)
(Câmara Brasileira do Livro, SP, Brasil)

Bonzatto, Eduardo Antonio
  Permacultura : e as tecnologias de convivência /
Eduardo Antonio Bonzatto. -- 1. ed. -- São Paulo :
Ícone, 2010.

  ISBN 978-85-274-1143-1

  1. Ação social 2. Conservação da natureza
3. Convivência 4. Cultura 5. Desenvolvimento
sustentável 6. Ecologia humana 7. Ecossistemas
8. Meio ambiente 9. Mudança social 10. Permacultura
11. Relações humanas 12. Relações sociais I. Título.

10-09507   CDD-304.2

Índices para catálogo sistemático:

1. Permacultura : Homem-natureza : Relação :
   Ecologia humana : Sociologia   304.2
2. Permacultura : Natureza-homem : Relação :
   Ecologia humana : Sociologia   304.2

Eduardo Antonio Bonzatto

PERMACULTURA
E AS TECNOLOGIAS DE CONVIVÊNCIA

1ª edição
Brasil – 2010

© Copyright 2010
Ícone Editora Ltda.

Capa e diagramação
Richard Veiga

Revisão
Marsely De Marco Dantas

Proibida a reprodução total ou parcial desta obra, de qualquer forma ou meio eletrônico, mecânico, inclusive através de processos xerográficos, sem permissão expressa do editor. (Lei n° 9.610/98)

Todos os direitos reservados à:
ÍCONE EDITORA LTDA.
Rua Anhanguera, 56 – Barra Funda
CEP: 01135-000 – São Paulo/SP
Fone/Fax.: (11) 3392-7771
www.iconeeditora.com.br
iconevendas@iconeeditora.com.br

ÍNDICE

Introdução, 7
1. Tempo de Mudanças, 9
2. Tempo de Consideração, 27
3. Tempo de Autonomia, 33
4. Tempo de Criação, 57
5. Tempo de Aprendizado, 67
6. Tempo de Conexão, 113
7. Tempo das Trocas, 117
8. Tempo de Ação, 129
9. Tempo de Compreensão, 171

Dedicatória

*Adelson de Carvalho,
Apoena Meireles,
Cassio Yacushi Nakajima,
César Augusto R. Domingues,
Felipe Amato Magalhães,
Francisco Alencar de Sousa,
Maria Helena Felipe de Oliveira,
Paula M. Castro,
Wellington Darwin da Silva,
para esse núcleo ofereço esse livro.*

Representam um número ainda maior de pessoas que junto comigo enfrentaram os desafios de uma descoberta e das relações sociais mais interessantes que já vivenciei.

Introdução

*Aquele que sabe o que é o suficiente,
terá sempre o suficiente.*
Lao-Tze.

Descrevo, neste livro, o caminho de minha busca e compreensão por formas mais respeitosas de interação intersubjetiva, afastando-me das relações egoístas e aproximando-me das colaborativas.

Minha primeira conexão foi com estudantes que compartilharam comigo alguns momentos completamente desprovidos de poder e de hierarquia e foram o amálgama necessário a que um feixe de possibilidades se abrisse para nós; pois só quando reconhecemos a alteridade do outro, realizamos o mais prodigioso elo da humanidade resgatada: a empatia.

Talvez, só talvez, a liberdade seja o combustível que necessitamos para poder caminhar, seguir adiante sem os constrangimentos de nossos egos, de nossos medos e receios, de nossas dúvidas e sem a prisão de nossas certezas.

Eduardo Antonio Bonzatto[1]

---

[1] Doutor em história social, professor e permacultor.

1 Tempo de Mudanças

Até agora, sempre que pensamos em mudar o mundo é pela tomada do poder que a ação parece se encaminhar. Sempre acreditando num salvador da pátria, em alguém que congrega as capacidades ideais para ocupar o cargo daquele que vai fazer o mundo melhorar.

Entretanto, a injustiça não é sentida universalmente da mesma forma. Todos aqueles que têm (posse, dinheiro, acolhimento, família, afeto, etc.), não percebem as injustiças da mesma forma que aqueles que não têm. Para aqueles que não têm, as injustiças são concretas e ásperas; já para aqueles que têm, são virtuais e simbólicas. Como já dizia mestre Pastinha, "quem bate não se lembra, quem apanha nunca esquece".

Assim, o grande problema de nosso tempo é a falência das relações humanas respeitosas e empáticas. Não conseguimos mais nos relacionar com nossos semelhantes, com nossos pais, com nossos filhos, com nossos amigos... sem que nosso ego assuma uma postura desafiadora e competitiva. Podemos ter compaixão pelos desconhecidos acometidos de alguma tragédia, por exemplo, quando um morro desaba e soterra famílias inteiras, ou quando enchentes inundam e levam tudo daqueles que já não têm nada, mas quando nos aproximamos das pessoas reais, de carne e osso, imediatamente acionamos um dispositivo que nos afasta cada vez mais da empatia necessária à compreensão. No máximo, somos condescendentes e tolerantes com nossos próximos. Com todos aqueles que conhecemos parece que já sabemos de antemão o que pensam, e as besteiras que vão falar antes mesmo que abram a boca.

Durante muito tempo, as relações humanas foram responsáveis pela coesão e pela interdependência coletiva e com o meio ambiente, pois, como praticavam os índios americanos, antes de arrancar uma árvore, pensavam até na sétima geração daquele grupo e nas consequências desse ato para os que ainda não haviam sequer nascido.

Ainda, há quinhentos anos, o mundo estava coalhado de aldeias que consolidam essas relações cujo significado é justamente sua permanência. As aldeias só sobrevivem na colaboração de seus membros, pois quase tudo que necessitam é feito ali, entre vizinhos, parentes e amigos.

Essa realidade é válida para nossa experiência social e também para os europeus anteriores à modernidade e até mesmo para os chineses ou os esquimós.

Todavia, nesses quinhentos anos que nos separam dessa realidade, a experiência humana foi soterrada por um sem número de dispositivos que alteraram profundamente as relações humanas. O poder, o Estado, o exército, o capitalismo, o consumo, o desenvolvimento, a ideia de país, tudo isso degradou completamente a forma com que as pessoas se relacionavam.

Primeiro, as pessoas foram se diferenciando dentro da própria casa entre pais e filhos e entre irmãos, pois o primogênito passou a ter mais poder que os outros irmãos pelo direito à herança. A escola apareceu e também ali se consolidava uma forma de relação totalmente nova, a relação entre o professor e o aluno, o que tinha o conhecimento e o poder e o outro, que era o "sem luz". Assim, a forma da vila foi cedendo lugar ao trabalho, à venda da força de trabalho para conseguir dinheiro e comprar aquilo que antes era feito pelas pessoas na vila, na aldeia. A relação entre o patrão e o empregado é uma consequência também dessa transformação assustadora que estava em andamento.

Depois, essa organização tomou um tamanho ainda mais assustador, a nação, em que todos deveriam se identificar por meio de uma língua comum, de uma história comum e de um território que fazia com que as relações obrigatoriamente se tornassem virtuais e não reais, pois aquele que morava em São Paulo deveria ser em tudo similar àquele que morava no Amazonas. As diferenças, aparentemente, foram suprimidas em nome de uma "identidade nacional".

Enquanto isso, pelo trabalho, a forma do mundo era radicalmente alterada, pois o trabalho partia do princípio que os recursos necessários à transformação de matérias primas em produtos acabados que eram vendidos para aqueles que trabalhavam era infinito, criando um ciclo de dependência não mais entre pessoas, mas entre a pessoa e suas novas necessidades.

Pois o capitalismo é um sistema que elimina o que você tem e sabe e faz você desejar o que não tem; além de ensinar que você deve aprender e trabalhar para o conseguir.

Ou, nas palavras deste lúcido pensador:

> O capitalismo é um sistema político-religioso cujo princípio consiste em tirar das pessoas o que elas têm e fazê-las desejar o que não têm – sempre. Outro nome desse princípio é "desenvolvimento econômico". Estamos aqui em plena teologia da falta e da queda, da insaciabilidade infinita do desejo humano perante os meios materiais finitos de satisfazê-los. A noção recente de "desenvolvimento sustentável" é, no fundo, apenas um modo de tornar sustentável a noção de desenvolvimento, a qual já deveria ter ido para a usina de reciclagem das ideias. Contra o desenvolvimento sustentável, é preciso fazer valer o conceito de suficiência antropológica. Não se trata de autossuficiência, visto que a vida é diferença, relação com a alteridade, abertura para o exterior em vista da interiorização perpétua, sempre inacabada, desse exterior (o fora nos mantém, somos o fora, diferimos de nós mesmos a cada instante).

Mas se trata sim de autodeterminação, de capacidade de determinar a si mesmo, como projeto político, uma vida que seja boa o bastante.

O desenvolvimento é sempre suposto ser uma necessidade antropológica, exatamente porque ele supõe uma antropologia da necessidade: a infinitude subjetiva do homem – seus desejos insaciáveis – em insolúvel contradição com a finitude objetiva do ambiente – a escassez dos recursos. Estamos no coração da economia teológica do Ocidente, como tão bem mostrou Marshal Sahlins; na verdade, na origem de nossa teologia econômica do "desenvolvimento". Mas essa concepção econômico-teológica da necessidade é, em todos os sentidos, desnecessária. O que precisamos é de um conceito de suficiência, não de necessidade. Contra a teologia da necessidade, uma pragmática da suficiência. Contra a aceleração do crescimento, a aceleração das transferências de riqueza, ou circulação livre das diferenças; contra a teoria economicista do desenvolvimento necessário, a cosmo-pragmática da ação suficiente. A suficiência é uma relação mais livre que a necessidade. As condições suficientes são maiores – mais diversas – que as condições necessárias. Contra o mundo do "tudo é necessário, nada é suficiente", a favor de um mundo onde "muito pouco é necessário, quase tudo é suficiente". Quem sabe assim tenhamos um mundo a deixar para nossos filhos[2].

Essa forma de pensar, é bom que se diga, é irreversível em sua voragem e todos os discursos proferidos em nome de uma conscientização sobre os danos que esse processo impõe aos homens é apenas um paliativo, já que, como princípio, se alterar a relação, altera-se o sistema.

Quero dizer que a hierarquia necessária à formulação dessa experiência social, entre homens e crianças, entre homens e mulheres, entre pais e filhos, entre professores e alunos, entre patrões e empregados e, finalmente, entre homem e natureza, que é seu fundamento, for alterada, o próprio sistema é revertido em núcleos de significados, como as tribos e aldeias.

---

[2] Diversidade Socioambiental. Eduardo Viveiros de Castro. Antropólogo do Museu Nacional (UFRJ). In: **Almanaque Brasil Socioambiental**. ISA. São Paulo, 2008.

É bem verdade que as tribos estão de novo em evidência, mas agora com um sentido muito diferente daquele de outros tempos.

Nenhum de nós vai querer realmente parar de consumir, ou de ganhar dinheiro, em nome da salvação do planeta. Então, construímos um discurso morno que nos conforta. Reciclamos o possível, consumimos conscientemente, não agredimos por demais a natureza, coletando o óleo que acumula em nossas cozinhas, pegamos poucas sacolas plásticas no mercado, já que não se degradam na natureza quando são descartadas.

Somos seis bilhões, dos quais mais de dois bilhões consomem cotidianamente, esta, aliás, aparente injustiça do sistema mundo. Para que este sistema funcione, construímos um aparato magnífico de controle e dependência encabeçado pela produção de medicamentos e de armas. Precisamos ter miséria e abundância desproporcionalmente como uma pedagogia de alerta para todos aqueles que "pretendem" pensar diferente. O desemprego é sempre uma ameaça e nunca, nunca uma oportunidade de produzir um outro registro, uma outra forma de sobrevivência, embora muitas pessoas, diante da inevitabilidade de sua inclusão no mundo do consumo, realmente produzam outras formas de viver.

São, por isso mesmo, pessoas invisíveis para todos nós, uma verdadeira ameaça para o sistema mundo, pois, para todos nós, o trabalho e o consumo, um ciclo perpétuo e sem sentido, deve ser entendido como uma única via, uma fatalidade a qual devemos nos acomodar e, lógico, vencer, muito embora, a longo prazo, todos percam sua própria humanidade nesse caminho.

Já velhos, só nos restam os remédios e a solidão, uma vez que a única coisa que se constrói nesse sistema mundo são as relações hierárquicas comprimidas pelo desejo do sucesso e do ganho e, portanto, do consumo. O "ter" e o "ser" são alternativas que se expressam unicamente no papel, pois o "ter" implica em "ser" de uma certa maneira, em "ser sozinho". Quando muito, com a benevolência algo contrafeita, de um parente ou de um amigo, que a vida mecânica não conseguiu afastar de nós.

Se acabamos sozinhos, sem respeito ou atenção, com o pouco de dignidade que pudemos preservar, não é propriamente porque as pessoas sejam ingratas ou ruins: é porque nada fizemos durante as nossas vidas para merecer tais considerações.

Diferentemente são os velhos das aldeias e das vilas: acabam como depositários dos valores e, portanto, do respeito e da atenção de todos, mesmo os esquimós que, quando se sentem incapazes de contribuir com o grupo, afastam-se para morrer no gelo. Não se iludam com esse aparente gesto de desumanidade: como velhos e antes desse gesto impressionante, são a referência do grupo.

Para se constatar o que falo, não precisamos ir muito longe. Basta observarmos ao nosso redor, todos os dias.

Nossa condenação poderia ser revertida se a nossa compreensão sobre o mundo, sobre a vida e as relações interpessoais, se alterasse num rumo menos egoísta.

SUSTENTABILIDADE[3]

A diversidade das formas de vida na terra (e sabe-se lá mais onde) é consubstancial à vida enquanto forma da matéria. Essa diversidade é o movimento mesmo da vida enquanto informação, tomada de forma que interioriza a diferença – as variações de potencial existentes em um universo constituído pela distribuição heterogênea de matéria/energia – para produzir mais diferença, isto é, mais informação. A vida, nesse sentido, é uma exponenciação – um redobramento ou multiplicação da diferença por si mesma. Isso se aplica igualmente à vida humana. A diversidade de modos de vida humanos é uma diversidade dos modos de nos relacionarmos com a vida em geral, e com as inumeráveis formas singulares de vida que ocupam (informam) todos os nichos possíveis do mundo que conhecemos (e sabe-se lá de quantos outros). A diversidade humana, social ou cultural, é uma manifestação da diversidade ambiental, ou natural – é a ela que nos constitui como uma forma singular da vida, nosso modo próprio de interiorizar a diversidade "externa"

---

3 Diversidade Socioambiemtal. Eduardo Viveiros de Castro. Antropólogo do Museu Nacional (UFRJ). In: **Almanaque Brasil Socioambiental**. ISA. São Paulo, 2008.

(ambiental) e assim reproduzi-la. Por isso a presente crise ambiental é, para os humanos, uma crise cultural, crise de diversidade, ameaça à vida humana.

A crise se instala quando se perde de vista o caráter relativo, reversível e recursivo da distinção entre ambiente e sociedade. O poeta e pensador Paul Valéry constatava sombrio, pouco depois da Primeira Guerra Mundial, que "nós, civilizações (europeias), sabemos agora que somos mortais". Neste começo algo crepuscular do presente século, passamos a saber que, além de mortais, "nós, civilizações", somos mortíferas, e mortíferas não apenas para nós, mas para um número incalculável de espécies vivas – inclusive para a nossa. Nós humanos modernos, filhos das civilizações mortais de Valéry, parece que ainda não desesquecemos que pertencemos à vida, e não o contrário. E olhem que já soubemos disso. Algumas civilizações sabem disso; muitas outras, algumas das quais matamos, sabiam disso. Mas hoje, começa a ficar urgentemente claro até para "nós mesmos" que é do supremo e urgente interesse da espécie humana abandonar uma perspectiva antropocêntrica. SE a exigência parece paradoxal, é porque ela o é; tal é nossa presente condição. Mas nem todo paradoxo implica uma impossibilidade; os rumos que nossa civilização tomou nada têm de necessário, do ponto de vista da espécie humana. É possível mudar de rumo, ainda que isso signifique – está na hora de encararmos a chamada realidade – mudar muito daquilo que muitos considerariam como essência mesma da nossa civilização. Nosso curioso modo de dizer "nós", por exemplo, excluindo-nos dos outros, isto é, do "ambiente".

O que chamamos ambiente é uma sociedade de sociedades, como o que chamamos sociedade é um ambiente de ambientes. O que é "ambiente" para uma dada sociedade será "sociedade" para um outro ambiente, e assim por diante. Ecologia é sociologia, e reciprocamente. Como dizia o grande sociólogo Gabriel Tarde, "toda coisa é uma sociedade, todo fenômeno é um fato social". Toda diversidade é ao mesmo tempo um fato social e um fato ambiental; impossível separá-los sem que não nos despenhemos no abismo assim aberto, ao destruirmos nossas próprias condições de existência.

A diversidade é, portanto, um valor superior para a vida. A vida vive da diferença; toda vez que uma diferença se anula, há morte. "Existir é diferir", continuava Tarde; "é a diversidade, não a unidade, que está no coração das coisas". Dessa forma, é a própria ideia de valor, o valor de todo valor, por assim dizer – o coração da realidade –, que supõe e afirma a diversidade.

É verdade que a morte de uns é a vida de outros e que, neste sentido, as diferenças que formam a condição irredutível do mundo jamais se anulam realmente, apenas "mudam de lugar" (o chamado princípio de conservação da energia). Mas nem todo lugar é igualmente bom para nós, humanos. Nem todo lugar tem o mesmo valor. (Ecologia é isso: avaliação do lugar). Diversidade socioambiental é a condição de uma vida rica, uma vida capaz de articular o maior número possível de diferenças significativas. Vida, valor e sentido, finalmente, são os três nomes, ou efeitos, da diferença.

Falar em diversidade socioambiental não é fazer constatação, mas um chamado à luta. Não se trata de celebrar ou lamentar uma diversidade passada, residualmente mantida ou irrecuperavelmente perdida – uma diferença diferenciada, estática, sedimentada em identidades separadas e prontas para consumo. Sabemos como a diversidade socioambiental, tomada como mera variedade no mundo, pode ser usada para substituir as verdadeiras diferenças por diferenças fictícias, por distinções narcisistas que repetem ao infinito a morna identidade dos consumidores, tanto mais parecidos entre si quanto mais diferentes se imaginam.

Mas a bandeira da diversidade real aponta para o futuro, para uma diferença diferenciante, um devir onde não é apenas o plural (a variedade sob o comando de uma unidade superior), mas o múltiplo (a variação complexa que não se deixa totalizar por uma transcendência) que está em jogo. A diversidade socioambiental é o que se quer produzir, promover, favorecer. Não é uma questão de preservação, mas de perseverança. Não é um problema de controle tecnológico, mas de autodeterminação política.

É um problema, em suma, de mudar de vida, porque em outro e muito mais grave sentido, vida, só há uma. Mudar de vida – mudar de modo de vida; mudar de "sistema".

Desde 1945, quando o sistema capitalista finalmente assumiu sua forma atual, 17% de toda a superfície vegetal do planeta degradou-se irreversivelmente.

Mas as pessoas nem sempre foram assim e não ficaram assim por decisões voluntárias. Foram levadas a isso por mediações convincentes. A família nuclear produziu suas hierarquias pelo súbito aparecimento e a oportuna mediação da herança. A relação hierárquica entre professor e aluno surgiu da necessidade criada para uma educação distintiva. O trabalho advindo da destruição de formas autônomas de sobrevivência, tão típicas das aldeias, produziu sua própria forma hierárquica pela mediação das máquinas.

A herança transforma o homem em coisa; a educação transforma o homem em coisa; o trabalho (e a tecnologia) transforma o homem em coisa. Mas o homem verdadeiro jamais será uma coisa.

Então, como fazer para perpetuar a hierarquia entre os homens?

Ofereça-lhe uma promessa, encerrada dentro de uma Caixa de Pandora: acene com a parte superior da relação, empodere o seu ego até que nasça um pai autoritário para cada filho indefeso, até que um professor brote na alma do aluno humilhado e a inveja habite o coração do empregado. Uma arca da aliança será a resultante desse arranjo e a longevidade do sistema, por meio das instituições, acabará por abarcar o mundo todo.

Desse modo, seria necessária a construção de novas formas mediadoras para superar esse modelo desastroso de relações sociais.

Muitas ações estão sendo implantadas na realidade por homens, mulheres e crianças em várias partes do mundo.

CONSELHO DAS TREZE AVÓS NATIVAS

No outono de 2004, treze mulheres nativas de todo o mundo se encontraram no estado de Nova Iorque e concordaram em formar uma aliança. Declararam: "NÓS, O CONSELHO INTERNACIONAL DAS TREZE AVÓS NATIVAS, representamos uma aliança de prece, educação e cura para nossa Mãe Terra, todos seus habitantes, todas as crianças, por sete gerações. Conscientes da destruição sem precedentes de nossa Mãe Terra e dos povos nativos; acreditamos que os ensinamentos dos nossos ancestrais iluminarão nosso caminho pelo futuro incerto. Procuraremos aumentar nossa visão através de projetos protetores de nossas várias culturas: terras, medicinas, línguas e cerimoniais de prece, através de projetos para educar e nutrir nossas crianças".

América do Norte, Itália, Espanha, México, África, Índia foram alguns dos locais por onde já passaram. Em 2006 foram especialmente recebidas pelo Dalai Lama em Daramsala, e entregaram mensagem ao Papa em 2008. Está prevista a vinda do Conselho ao Brasil em 2010.

No dia 03 de junho, às 19h30, na Semana do Meio Ambiente, a brasileira Maria Alice Campos Freire, membro do Conselho Internacional das Treze Avós Nativas, estará na UMAPAZ para focalizar esse projeto planetário e também expor sua experiência de vida como ativista socioambiental, educadora e pesquisadora da medicina da floresta.

Maria Alice nasceu em 1953 no Rio de Janeiro. Trabalhou na Guiné-Bissau, de 1977 a 79, pelo Programa das Nações Unidas para o Desenvolvimento (PNUD), utilizando seus conhecimentos de educadora a serviço da saúde. No Rio de Janeiro, realizou projetos de educação-saúde nas favelas Morro São João e Morro do Encontro, criando farmácias vivas (jardins medicinais), cartilhas sobre a saúde do povo, etc.

Desde 1989 vive em uma pequena comunidade no interior da Floresta Amazônica, onde sua pesquisa vem se aprofundando tanto na área do conhecimento das plantas, quanto no desenvolvimento das terapias e processos de manipulação dos remédios. Atualmente, dedica-se à pesquisa da dinamização homeopática de plantas amazônicas e sua experimentação, no quadro de ações do Centro de Medicina da Floresta. É Sintonizadora do sistema Florais da Amazônia.

Os aspectos relativos à forma com que os homens se relacionam entre si estão embutidos nessas ações…mas precisamos evidenciá-los a tempo de revelar toda a sua importância no conjunto de ações globais que pretendem salvar o planeta. Não podemos deixar que esqueçam que foi o homem que o danificou em nome do poder e de que o poder é, afinal, poder para submeter outros homens à vontade e ao desejo e benefício de poucos.

Dentre tantas ações, privilegiarei uma delas como uma possibilidade de resgate do respeito que os homens e mulheres devem-se reciprocamente, para somente nesse processo também reaprenderem a respeitar o mundo em que vivem, num diálogo transformador e intenso, capaz de fazer desaparecer o véu da ilusão que o consumismo parece preservar na sua quase exclusiva mediação entre estes mesmos homens.

Precisamos de outras tecnologias para enfrentar o conformismo e a unidimensionalidade em que nos fizeram crer até o presente.

Há um automatismo pertinaz que a historicidade da racionalidade ocidental impingiu àqueles que se submeteram a sua influência: o automatismo do concordo/discordo. Tal mecanismo impede que o sujeito opere com conexões inovadoras e potencialmente transformadoras, já que apenas reforça as certezas que a racionalidade produziu até agora e todo avanço é apenas o possível para manter o *status quo*.

A característica fundamental desse automatismo é a produção e reprodução de discursos, ferramenta surda à voz dos outros e aos apelos e aos questionamentos críticos, já que a função dos discursos é tão somente convencer-nos de sua legitimidade. O discurso está fechado, exceto por outro discurso que lhe possa contrapor. Daí que os discursos reforçam os pré-julgamentos e as concepções prontas e acabadas capazes tão somente de ampliar as armações do ego.

Esse automatismo está firmemente ancorado numa determinada epistemologia, chamada adequadamente de epistemologia solipsista e também de espistemologia representacionista, que reforçam a convicção de que as verdades sobre o mundo que nos rodeia são produtos de nossa elaboração ao longo de toda uma vida.

Não nos damos conta de que essas supostas verdades são construções históricas elaboradas por nossa inserção nas diversas instituições que nos formatam (família nuclear, escola, trabalho, etc.). Daí que só conseguimos apreender o mundo, por exemplo, a partir das premissas do capitalismo, que dá coerência e sentido a nossa percepção. Pobres, não pobres, mulher, homem, criança, trabalho, desemprego, crise, etc, são componentes de significações que explicam tudo, genericamente, e confortam e apaziguam nossa angústia de viver a complexidade como experiência.

Mas existe outra epistemologia que pode ser assumida politicamente, denominada de epistemologia holística. Nesse caso, o mundo que nos rodeia não passa por generalizações, mas nos invade em sua singularidade, vozes particulares, experiências únicas e irrepetidas, ruídos contraditórios, música e sinais que atestam a variedade e a enorme diferença, mas jamais a desigualdade. Nos abrimos para o mundo com os sentidos todos atentos, mas com a racionalidade que impõe certezas ferreamente controlada, procurando nos conectar a tudo sem pré-julgamentos, atentos a cada detalhe como se nossa vida dependesse disso e não excluindo de antemão em nome da segurança de nossa sanidade.

A vivência do ambiente acadêmico, por sua vez, reforça os impulsos de certezas que tão ciosamente aprendemos a usufruir. Uma das formas de reforço da epistemologia solipsista é justamente nosso aferramento às concepções teóricas disponíveis não como ferramentas, mas como engessamento de nossas prospecções, procurando adequar o que percebemos ao que previamente temos como concepção teórica.

Etmologicamente, *teoria* significa estar no lugar de Deus, ou seja, deter todos os elementos que tornam familiar o extravagante, que tornam coerentes as incoerências. O marxismo, o positivismo, o historismo alemão, os *annales*, enfim, todas as concepções teóricas disponíveis reforçam, por exemplo, o quadripartismo histórico, apenas iluminando esse ou aquele ponto, sem contudo negar a totalidade explicativa que conserva o já conhecido.

Há, todavia, um aparelhamento teórico mais adequado à epistemologia representacionista, que é a hermenêutica. Na hermenêutica não há apriorismos, já que a objetivação não é seu pilar mestre, nem tampouco há alguma estrutura que deva receber o percebido. Não se espera um determinado sujeito, formado para tal, que produza perguntas adequadas ao passado. Qualquer sujeito é sujeito de perguntas e o passado é suficientemente vasto e aberto para fornecer possibilidades de conexões a tais perguntas. A interpretação é livre a qualquer um, já que irreparavelmente todos são sujeitos de seu tempo, queiramos ou não.

Oposições como elite e massa, alfabetizados e analfabetos, cultura popular e cultura erudita, esclarecidos e alienados, são meros artifícios ideológicos que não se sustentam nas relações libertárias necessárias para estes tempos em que os paradigmas da racionalidade estão se desfazendo (basta um olhar minimamente atento às instituições que os garantem).

Da mesma forma, existe uma metodologia mais adequada a esse complexo (no sentido de *tecer juntos*) emaranhado de relações. Se, até agora, a metodologia utilizada seja em casa, onde o pai, o adulto, *ensina o mundo* à criança, suposto ser incompleto que caminha para no futuro se formar, seja na escola, em que o professor ilumina o aluno (aquele que não tem luz), ou seja aquela atitude política que desaliena o alienado, pedagogizando-o para o mundo da cidadania, *ensinando*-o nos seus direitos e deveres ou mesmo *ensinando*-o nos caminhos já sabidos da transformação social, pouco importa, como se vê, tal metodologia apenas reforça o modelo de percepção em que as hierarquias sociais são a mônada irrecusável da vida.

Recusar essa inevitabilidade é armar-se de uma outra metodologia, que Martin Buber chama adequadamente de dialógica. Nesse sentido, o encontro entre as diferenças é potencialmente transformador, já que em nenhum momento da relação haverá a negação ou a coisificação do outro. Para tanto, é necessário que o conhecimento (saber é poder) ceda lugar aos saberes, fruto das experiências que cada um possui como condição de sujeito, de ser social completo, tenha a idade que tiver, venha de onde vier.

O diálogo modifica todos que estiverem sob sua influência, mas o diálogo como estratégia política, ou seja, de intervenção no espaço público, características de sujeitos que vivem em comunidades de sentido. Nada das macrossociabilidades abrangentes e generalizantes; é nas relações verdadeiras, entre sujeitos presentificados que a mudança se opera; sujeitos da mesma estatura, preenchidos do respeito mútuo que é fruto de uma assumida posição política.

Daí que o projeto de pesquisa que proponho realiza-se por meio de dois caminhos convergentes: o estudo de tecnologias desprovidas de poder, já que fruto de saberes acessíveis a qualquer um, e que adequadamente chamaríamos de tecnologias de convivência, que conduzam à autonomia, entendida aqui como vivência coletiva possível fora dos sistemas de poder enraizados na unidimensionalidade da vida social formal, certeza da epistemologia solipsista. Para tanto, pesquisaremos além de tais tecnologias, experiências de autonomia de grupos, tanto da temporalidade diacrônica quanto na sincrônica.

Exemplos de tais experiências são Cristiânia, no centro de Copenhagen, Bouganville, uma ilha na costa de Papua Nova Guiné, os MTDs argentinos, a Universidade de Oruro, na Bolívia mineira, os zapatistas da selva Lacandona, as diversas coletividades autônomas dos Estados Unidos, os berberes dos desertos do Oriente Médio, etc.

Quanto às tecnologias de convivência, partiremos dos princípios da permacultura.

A permacultura é também o resgate de técnicas ancestrais, além de cuidar da produção e desenvolvimento de adaptações diversas, utilizando os materiais disponíveis nos próprios ambientes realizadores. Tal princípio está diretamente entranhado nas questões de autogestão, que é a comunidade cuidando diretamente de seus próprios interesses e necessidades, garantindo que seja a produção, a distribuição e mesmo o domínio da tecnologia, necessárias à produção de benefícios será sempre coletiva, na garantia de que tais ações contemplem toda a comunidade e apontem novas soluções na medida em que os problemas apareçam.

Por outro lado, a busca da sustentabilidade, por meio de sistemas e técnicas compatíveis com o meio ambiente, torna-se cada vez mais um desafio aos estudiosos, pesquisadores e cientistas. Neste sentido, um protótipo de habitação popular, um biodigestor, modelos de coleta de água de chuva para utilização em descargas e outros fins, modelos de esgotos ecológicos e placas solares de baixo custo, são soluções mais que adequadas à crise que a exclusão, aparentemente irreversível, colocou para os administradores públicos.

Uma casa sustentável seria uma situação ideal de baixo impacto ambiental, satisfazendo às necessidades dos usuários por um período tão longo quanto possível, atendendo às diversas dimensões de sustentabilidade (econômicas, culturais, sociais e ambientais). No entanto, esta casa de baixo custo e tecnologia avançada poderia, e deveria, aspirar à autossuficiência, ou seja, que ela não dependesse de rede de abastecimento de energia, de esgoto, de água. Podendo, portanto, gerar sua própria eletricidade, captando água da chuva e tornando desnecessário o abastecimento pela rede.

É possível tratar o esgoto localmente, dentro da própria propriedade, como ocorre em uma casa de Nottingham, na Inglaterra, projetada por Robert e Brenda Vale, dois dos mais renomados arquitetos ecológicos ingleses. A casa que eles descrevem no livro *"The new autonomous house"*, tem todas as águas servidas tratadas localmente, e o vaso sanitário tem uma espécie de tanque conectado a ele. É um sanitário seco, que não usa água. As fezes, juntamente com os resíduos orgânicos, transformam-se num composto armazenado em cilindros no porão da residência.

Esse material será destinado ao biodigestor, um receptáculo que, por um processo químico, transforma os dejetos em gás metano, utilizável, portanto, como gás de cozinha. A construção é feita a partir de tambores metálicos, facilmente encontrados a preços reduzidos, o que simplifica a montagem e garante o baixo custo final.

Apesar do processo de biodigestão anaeróbica ser conhecido há longa data, só mais recentemente é que tem sido desenvolvido mundialmente.

A China tem sido o país que mais desenvolveu o biogás no âmbito rural, visando atender principalmente a energia para cozimento e iluminação doméstica. A Índia também tem desenvolvido uma larga propagação com biodigestores, possuindo um total de 150 mil unidades instaladas.

No Brasil, os estudos com biogás foram iniciados de maneira mais intensa em 1976. Entretanto, os resultados alcançados já nos asseguram um bom domínio tecnológico e podemos nos qualificar como aptos a desenvolver um vasto programa no âmbito nacional com biogás.

A fermentação anaeróbica é um processo biológico que ocorre devido a ação de bactérias. Evidentemente, que quanto maior a população bacteriana, mais eficiente e rápido será a digestão. Para se manter uma boa flora bacteriana há necessidade de se facultar um ótimo meio de cultura.

Uma nova concepção energética impõe-se a todos os brasileiros nesta crise irreversível do petróleo. O domínio da tecnologia, da digestão anaeróbica e da operação de digestores em geral, na prática, não é complexa nem difícil. Estes conhecimentos, entretanto, só se conseguem com a lida diária dos biodigestores de pequeno porte, de baixo custo e que possam ser construídos com material local.

Os resíduos do vaso sanitário e da cozinha podem ser compostados no porão da casa e transformados em fontes de nutrientes. Quando a escala é maior, por exemplo, esgoto do vaso sanitário, após a extração do biogás e do tratamento do lodo do biodigestor, agregando outros resíduos domésticos ou de plantas, tais materiais podem servir para o paisagismo da comunidade. As águas chamadas negras do vaso sanitário, após passagem pelo biodigestor, extraídas o gás metano e passando por um leito de filtragem (leito de evaporação, transpiração e infiltração), seguindo por um polimento em pequenas lagoas com plantas aquáticas, podem ser utilizadas na irrigação.

Portanto, pensar numa edificação autossustentada, ofertando tecnologia para a própria comunidade, não significa somente consumo de recursos, mas geração, levando a um resultado positivo.

Pode-se pensar em termos de sistema de coletores fotovoltaicos, no qual há tanta energia coletada que pode atender não somente à própria casa, mas resulta em excedente a ser injetado na rede, podendo, quem sabe, ser vendido, como se tem visto em vários países com condições climáticas muito mais desfavoráveis que as nossas.

Poderíamos pensar na produção de hortas hidropônicas organizadas de modo a receber as águas coletadas pelos sistemas de contenção de águas de chuva, gerando fontes de alimentos limpas e perenes.

Enfim, a divulgação de tais tecnologias em ambientes favoráveis, pode ter a capacidade de mobilizar a comunidade num movimento de autogestionamento, recuperando as solidariedades grupais, dando sentido à vida do grupo, gerando ações propositivas e articulando autoestima com projetos políticos viáveis.

Assim, como se percebe, o projeto de pesquisa pressupõe duas fases bastante distintas: a primeira como grupo de estudos, cujo lócus será preferencialmente o ambiente acadêmico e as visitas a lugares em que tais tecnologias já estejam sendo utilizadas.

O segundo momento será em comunidades em que tais tecnologias possam servir adequadamente para produzir o diálogo entre sujeitos de ação. Nessa fase, já será como um grupo de trabalho e aplicação das técnicas apreendidas.

No entanto, devemos destacar que tais tecnologias são pretextos para o encontro entre sujeitos de distintas experiências e é esse encontro, desprovido das hierarquias que normalmente o inviabiliza que é potencialmente transformador, seja para os próprios sujeitos envolvidos, sejam para aquilo que possa daí resultar, impossível de prever de antemão.

Esse caminho pode ser mais bem trabalhado para que precisemos toda sua importância.

2 Tempo de Consideração

Pensemos, primeiramente, num projeto de intervenção.

A relação entre história e ecologia tem se estreitado cada vez mais. Desde os trabalhos de Warren Dean, *A Ferro e Fogo* até as pesquisas de Simon Schama, já um vasto número de pesquisas têm sido realizadas.

Trabalhei no núcleo de pesquisa Ecos da Puc de São Paulo por vários anos e venho introduzindo o tema em várias universidades, num recorte que liga história e permacultura.

Pesquisas na área de tecnologias de convivência, de técnicas construtivas, tais como a história da taipa e resgate e produção de hortas comunitárias e escolares são caminhos que tenho trilhado nos últimos cinco anos.

Nesse sentido, o estudo da história estabelece relações virtuosas com movimentos que propiciam não somente a expectativa que acaba consolidando o tempo da pesquisa, mas uma interferência direta nos destinos das comunidades com as quais estabelecemos parcerias, consolidando relações respeitosas já que todo o processo é realizado na interação com sujeitos em ação constante.

Trabalhos realizados enquanto estive na Puc de São Paulo, relativos à interações e construções de esgotos ecológicos em favelas da zona sul de São Paulo, em prédios ocupados com a realização de hortas verticais, assim como trabalhos realizados na Faculdade de Itapecerica da Serra, região de vastas áreas preservadas de Mata Atlântica, com a construção de placas solares de baixo custo, tanto nos cursos de história, como de pedagogia e turismo, foram moldando minha percepção para o potencial que essas relações contemplam. Da mesma forma, trabalhando na Amazônia Ocidental, realizei conexões entre a universidade e escolas públicas, construindo esgotos com comunidades organizadas, seja na produção de tijolos ecologicamente equilibrados, sem queima, até tratamento de efluentes para flutuantes. Isso tudo com estudantes do curso de história.

Autonomia é a palavra-chave para esse tipo de projeto de pesquisa, seja no enfrentamento de situações problemáticas extremamente variadas, seja na necessária criatividade de pesquisa para esse mesmo enfrentamento.

O presente projeto de pesquisa tem como objetivo fundamental a integração de dois movimentos necessários na contemporaneidade acadêmica: de um lado, a integração da pós-graduação e da graduação. Nesse mesmo sentido, ligar as preocupações universitárias ao universo das escolas públicas.

Aqui, já aponto para o segundo movimento: a integração da universidade e da comunidade.

Existem dois movimentos de extensão. O primeiro, que liga a universidade à escola pública, implica um movimento de conexão entre ensino, pesquisa e, principalmente, prática escolar.

As propostas de intervenção surgem com o ingresso dos acadêmicos no ambiente escolar, principalmente quando do trabalho de estágio.

A prática dialógica consiste na busca e identificação de problemas, com o treinamento de um olhar inquiridor para um vasto espectro de intervenção, desde a produção de hortas para o consumo da escola até a sugestão de tecnologias mais adequadas à coleta de água de chuva ou a produção de esgotos ecológicos.

A metodologia consiste numa identificação tanto das características do ambiente escolar, mas principalmente de uma pesquisa em conjunto entre acadêmicos e estudantes para o sentido da permacultura.

O próprio criador da permacultura, o ex-professor australiano Bill Mollison, costuma dizer com orgulho que nem ele sabe definir com exatidão o que é a permacultura. "E é isso o que eu gosto nela – não é dogmática!", afirma. Permacultura é um pacote pedagógico. Um movimento, um método para se alcançar uma cultura sustentável. Por isso, tudo que leva a esse caminho pode entrar em sua definição. O que queremos dizer é que ela vai muito além da contração das palavras permanente e cultura. Pode ser compreendida como um sistema de *design* para a criação de ambientes produtivos, saudáveis e ecológicos para que possamos habitar a terra sem destruir a vida. Ou seja, pela permacultura o homem, como animal que é, integra-se ao ciclo da natureza retirando dela o que precisa para viver e devolvendo a ela o que ela precisa para continuar vivendo. A filosofia da permacultura visa trabalhar com a natureza e não contra ela. Nós é que somos o planeta, não ele que é nosso.

Para Mollison (1991),

> o planejamento em Permacultura é desenvolvido através da cuidadosa observação dos padrões naturais e das características de cada lugar em particular, o que permite uma gradual implementação de métodos para integrar instalações humanas com os sistemas naturais de produção, de energia, plantas comestíveis, apicultura, animais silvestres e domésticos, dentre outros.

A Permacultura promove o aproveitamento de todos os recursos (energias) utilizando a maior quantidade possível de funções em cada uma dos elementos de uma dada paisagem, com seus múltiplos usos no tempo e no espaço. O excesso ou descarte produzidos por plantas, animais e atividades humanas são criteriosamente utilizados para beneficiarem outros elementos do sistema.

As plantações (roçado, jardim, pomar, floresta) são cultivadas de modo que haja um perfeito aproveitamento da água e do sol. São utilizadas associações particulares de árvores, perenes e não perenes arbustos e ervas rasteiras, que se nutrem e se protegem mutuamente. São construídas pequenas lagoas e outros elementos para melhor aproveitamento da grande diversidade de atividade biológica em interação nos ecossistemas. O desenvolvimento do planejamento requer flexibilidade e uma sequência apropriada para que possam introduzir, mudanças à medida que a experiência e a observação o indicarem. A Permacultura adota técnicas e princípios da Ecologia, tecnologias apropriadas, agricultura sustentável associadas à sabedoria de populações tradicionais, mas está baseada principalmente na observação direta da natureza do lugar.

> Os fundamentos éticos da Permacultura repousam sobre o cuidar do Planeta Terra, fortalecendo sua capacidade de manutenção de todas as formas de vida, atuais e futuras. Isto inclui a possibilidade humana de acesso a recursos e provisões sem desperdícios ou acúmulos além de suas necessidades. Observando a regra geral da natureza na qual espécies cooperativas e associação de espécies produzem comunidades saudáveis, os participantes da Permacultura reforçam a cooperação e valorizam a contribuição única de cada pessoa na comunidade (MOLLISON, 1991)

A concepção política da Permacultura é crescente desde o surgimento da consciência de uma iminente crise ecológica, gerando a visão de um futuro próximo, em que pessoas e comunidades tentam libertar-se de um sistema decadente, usando as terras no entorno de suas casas para prover suas necessidades básicas. Os ativistas permacultores geram espaços de máxima produtividade e de mínimo desperdício. Trabalham para assentar bases para o surgimento gradual de cooperativas, comunidades ou vilas autossuficientes como modelos para uma sociedade planetária alternativa. Quanto mais produtivas as áreas dos assentamentos humanos, mais factível será a proteção das florestas e outras áreas silvestres tão necessárias à saúde do Planeta Terra.

A escola, como formadora de opinião, é o lugar de refletir a responsabilidade socioambiental, deve promover uma gestão ativa e participativa, descrevendo estratégias inseridas em atividades medidas nos impactos cotidianos reais, porém atendendo as necessidades de produção e consumo para a sociedade e natureza, propagando tecnologias econômicas e sociais para o desenvolvimento sustentável.

A Permacultura adapta-se a transições lentas ou rápidas. Você pode começar lentamente, utilizando uma pequena parcela de terra, e os recursos disponíveis localmente, ou transformar toda a propriedade, de uma só vez, de acordo com suas condições financeiras e a quantidade de ajuda com que você pode contar. Não esquecendo o auxílio que a natureza oferece, quando começamos a colaborar com ela.

O segundo movimento, qual seja, a relação da Universidade com a Comunidade terá um caráter mais adequado à História.

A abordagem se dá com a eleição de uma comunidade.

Numa primeira reunião com a comunidade realiza-se uma proposta de estudo sobre a trajetória de sua formação e emergência, suas lutas e embates ao longo do tempo de sua existência. Os sujeitos, homens, mulheres e crianças que inscreveram seu nome nessa história de lutas cotidianas.

Os estudantes capacitam os moradores para que eles mesmos recontem essas trajetórias. Os fundamentos de história oral serão desenvolvidos em sala de aula para essas oficinas.

O trabalho final deve compor uma publicação desse olhar da comunidade sobre sua própria historicidade. Seja em forma textual ou de vídeo.

Então, os problemas já deverão ter sido identificados.

Num segundo momento, os acadêmicos desenvolvem pesquisas baseados na busca de tecnologias de convivência, também inspirados pelos princípios da permacultura.

Estas tecnologias, a princípio, devem compor cinco pontos: habitação, saneamento, energia, água e alimentação.

Monta-se um projeto de intervenção que será apresentado à comunidade.

E a interferência começa com um trabalho coletivo.

Dessa forma, a história não serve apenas para uma reflexão abstrata sobre o tempo ou sobre as transformações políticas e sociais. É ferramenta adequada para uma intervenção no presente, propondo relações respeitosas entre as pessoas, que emergem da realidade transformadas e transformadoras.

3
TEMPO DE AUTONOMIA

NEPLANTA: QUESTÕES DE HISTÓRIA NA EMERGÊNCIA DO PARADIGMA DOS FRACTAIS[4]
ou
DIREITO A UMA CONVIVÊNCIA TRANSFORMADORA

Nós já passamos pelo passado mas o passado não passou por nós.

Gênesis, ~3000aC

---

[4] Mandelbrot inventou o termo fractal a partir do lema nomen est numen (nomear é conhecer) e foi introduzido em 1975 (*Les objects fractales: forme, hasard et dimension*). O termo vem do latim fractus (fragmentado, irregular, partido), o que leva à ideia oposta a Álgebra, oriundo do árabe al'jabara, que significa unir.

A definição de fractal não deixa transparecer as potencialidades que sua teoria possui nos mais diversos ramos da Ciência. A definição é a seguinte: fractais são os conjuntos cuja dimensão de Hausdorff-Besicovitch, DH, ou simplesmente dimensão fractal, D, é estritamente superior à sua dimensão topológica, DT (WEGNER, et al., 1993).

A partir da questão "Qual o tamanho da costa da Grã-Bretanha?", Mandelbrot (1967) (1) expôs um problema complexo e que permite discernir o que é um fractal. A Tabela 1 mostra a estimativa do tamanho da costa da Grã-Bretanha.

Tabela 1: Estimativa do tamanho da costa da Grã-Bretanha (WEGNER, et al., 1993)

tamanho da fita métrica (milhas)	tamanho da costa (milhas)
200	1.600
25	2.550

> *Precisamos preservar a absoluta imprevisibilidade e a total improbabilidade de nossas mentes conectadas.*
> Lewis Thomas, 1973

De um lado, aumenta o consumo de bens duráveis como automóveis e televisores de plasma, assim como aumenta o número de alunos inscritos nas universidades particulares por todo o Brasil.

De outro, aumenta o número de desempregados em todo o espectro social, respeitando, em grande medida, as características de injustiça de uma sociedade acostumada a inventariar seus sucessos por meio de plasticidades cotidianas tão sedutoras, que costumam soterrar todo o infortúnio necessário à manutenção desta mesma sociedade.

Enquanto os ricos perdem paulatinamente seu direito a transitar despreocupados pelas alamedas esverdeadas de cidades como São Paulo ou Curitiba, enquanto os não tão ricos migram para as periferias e retornam, uma geração depois, para as escolas públicas da educação básica, enquanto as franjas do desterro social merecem a designação de hegemônicas, já que dois terços de nossa sociedade somente ali encontraram abrigo, o cenário dos próximos anos não acalantam ninguém.

O Centro de Políticas Sociais da Fundação Getúlio Vargas mostrou em recente pesquisa que em 2005, 11 milhões de brasileiros perderam o emprego, algo em torno de 32,5% daqueles

---

Utilizando-se trenas de 200 e 25 milhas, chega-se a resultados diferentes. Quanto menor a régua, maior será o valor medido. Isso é muito simples para explicar: como a costa da Grã-Bretanha é muito irregular, uma régua muito grande não consegue levar em conta as irregularidades, enquanto réguas menores conseguem medir mais precisamente as variações.

MANDELBROT, B. B. **How long is the coast of Britain? Statistical self similarity and fractal dimension.** Science, Nº 19, 1967, pp. 636-638.

MANDELBROT, B. B. **Fractals: form, chance and dimension**. W. H. Freeman, San Francisco, 365p., 1977.

MANDELBROT, B. B. **The fractal geometry of nature**. W. H. freeman, San Francisco, 460p., 1982.

WEGNER, T., Tyler, B., PETERSON, M., BRANDERHORST, P. **Fractais para Windows**. Trad. Claúdio José Costa. Rio de Janeiro: Berkeley, 1993.

In: http://orion.cpa.unicamp.br/html/cigv1n1n1.html

que estavam trabalhando. A mesma pesquisa aponta que dois terços dos empregados perderão o emprego nos próximos dois anos[5]. Embora esses números apontem para a rotatividade no âmbito do trabalho formal, cerca de 11 milhões de vagas de trabalho serão erradicadas no campo pelas características impressas ao agro negócio nos próximos cinco anos.

O mercado consumidor brasileiro gravita na ordem de 68 milhões de indivíduos, tão vasto quanto o do Canadá, o que confere com números aceitáveis na perspectiva do capitalismo transnacional do mercado globalizado.

Para todos aqueles que não se enquadram nesse universo estão sendo criados adjetivos novos: excluídos, não colaboradores, não qualificados, pouco criativos, inadaptados para a competitividade contemporânea, analfabetos digitais, analfabetos funcionais, com dificuldades de adaptação, carentes de competências e habilidades.

A despeito da invocação irritante da educação como solucionadora deste problema estrutural, os gráficos de exclusão têm crescido há muito tempo, e existem poucas ilusões de que o modelo venha a se tornar mais justo e menos iníquo.

Na perspectiva daqueles que vivenciam a trágica experiência desse apartheyd, assistencialismo, terceiro setor, Ongs, programas sociais conservadores, educação, além de outras modalidades menos ortodoxas, tais como o tráfico de drogas, as incipientes atividades culturais autônomas, rapidamente co-optadas pelos *mass media*, a repressão, o telefone celular e os televisores a crédito, a aquisição dos carros de segunda mão oriundos da renovação da frota nacional de veículos, das promessas de uma inclusão futura, enfim, tudo aquilo que anseia pela resiliência[6] dos grupos de homens e mulheres marcados pela experiência individual da agressão, da humilhação, da caridade, da indiferença, da violên-

---

5 Dados publicados na **Revista Época** nº 427, de 24 de julho de 2006, p. 58.

6 Conceito que vem da dinâmica dos materiais sobre a qualidade de alguns metais de, uma vez submetidos à deformação, retornarem à sua forma original. Incorporado pela psicologia para caracterizar todos aqueles que, a despeito de todo sofrimento, jamais pervertem sua humanidade.

cia de uma sociedade apartada não é mais uma garantia a que essa mesma sociedade do controle pode se fiar.

As tentativas de renovação dos atrativos estranhos[7] devem corresponder a uma leitura a contra-pêlo para todos aqueles que desejam reivindicar para si a inscrição de participarem de um mundo incerto pautado pela complexidade, pelo encontro com o outro, pelo encontro com as diferenças, já que o encontro com as semelhanças é pouco adequado a produzir mudanças. Também no plano social, chegamos ao fim das certezas, ao fim dos determinismos, ao fim do paradigma do controle, embora por algum tempo ainda conviveremos numa intersecção tão característica de qualquer transição histórica.

O que não se extinguiu convive por vezes tensa, por vezes pacificamente, com o que ainda não se hegemonizou; múltiplas línguas, múltiplas formas de comunicação, miríades de experiências, dinâmicas distintas estabelecem contatos gravitacionais. Vivemos o pleno interlúdio de grossas confluências de historicidades: cruzamentos, bifurcações, *ritornellos*, saltos quânticos, velhas avenidas pavimentadas recentemente, picadas no cimento onde antes havia flores, túneis antigos e novos a se esfregarem como lagartas na primavera, desvios e semióphoros.

De um lado, uma forma de pensar, de ver a realidade, de interagir com o mundo da experiência. Uma epistemologia capaz de projetar sobre o real uma quantidade infinita de certezas, de julgamentos, de projetos e de soluções. Também chamada de solipsista, essa epistemologia foi nutrida nos últimos duzentos anos com uma quantidade generosa de conhecimentos que se transformaram em tecnologia e poder e que ocuparam a centralidade das tomadas de decisão em que a verdade parecia garantir sua legitimação.

---

[7] "A teoria do caos é a ciência dos sistemas não lineares e seu propósito é demonstrar, em geral com grande elegância, que mesmo o caos tem sua própria forma de ordem. O princípio orientador dessa ordem é o que os matemáticos chamam de 'o atrator estranho'". ALVAREZ, A. **Noite**. São Paulo, Cia das Letras, 1996, p. 141-2.

Toda sua objetividade, todo o discurso que dela se desdobrou, foi plausível para edificar uma estrutura tão ruinosa que hoje, a despeito da maquiagem do consumo, ninguém mais pode ignorar. A violência das mortes por tiros, as mortes no trânsito, a doença e as mortes que atestam a ineficácia da medicina, as mortes pela fome, as mortes pela ausência de água tratada, de esgotos, de condições sanitárias mínimas, as mortes nos hospitais públicos e naqueles controlados pela perspectiva mercantil dos planos de saúde. O fracasso da educação pública e privada e os conflitos que nela constatamos. A indiferença quanto à política como lugar de mudanças dessa realidade de abandono e de desespero.

O oblívio de todas as suas instituições é seu sinal de esgotamento inequívoco: as instituições da família nuclear, da escola para todos, do mundo do trabalho apresentam sintomas não somente de transformações, mas principalmente de desfiguração e esgotamento.

Se as famílias desagregam traumaticamente seus elementos, seja por função (mulheres, filhos, agregados de toda sorte vão à caça da sobrevivência, novas sociabilidades consolidam outras configurações, como as "mães de rua", os bandos de novos "*Frattichelli*" a operar por todo o tecido urbano, etc.), seja por afinidade (separações intensificadas em todas as estratificações sociais), seja ainda por violência explícita (estupro, assassinato, espancamento, abandono, negligência, etc.); as escolas denunciam o esgotamento dos professores pela indiferença dos alunos, quando não, pela agressão de parte a parte, pelo fracasso de sua pedagogia, pela ineficácia das propostas e acordos de seus parceiros nacionais (políticas públicas) e internacionais (acordos de Jontien, plano decenal).

O mundo do trabalho, que deveria receber todos aqueles oriundos dessas duas instituições anteriores, encontra-se em processo avançado de desregulamentação, operando numa larga faixa de informalidade, de territórios controlados pelos mais fortes, de novas e assustadoras escravidões (de brasileiros, de bolivianos, de asiáticos, de mulheres, de crianças e sabe-se lá de quantos outros seres humanos vendidos a pouco soldo).

Não é exagero apontar a racionalidade própria dessa epistemologia como a causadora de todos esses infortúnios, caixa de pandora fechada tardiamente, deixando a alguns poucos privilegiados a crença de que em seu interior ainda aguarda a esperança, pois consagrou a desigualdade como parâmetro de sua oxigenação, como base sobre a qual deslocava seu corpanzil histórico[8].

Outras formas de sociabilidades parecem deixar-se entrever para todos aqueles que desejam verdadeiramente operar em espaços de mudança desse cenário grotesco.

O ajustamento epistemológico-teórico-metodológico necessário para a adequada observação dessas novas sociabilidades deve ater-se à mônada (nos termos em que Leibniz a enunciou), esse elemento mínimo, base sobre a qual se assentou toda estrutura: o desnivelamento, a hierarquia, a condição de desigualdade entre duas pessoas (e enfim, o dualismo que separa e hierarquiza antes de tudo homem e natureza).

Desnecessário apontar que a decisão de instrumentalizar-se nesse arcabouço perceptivo é exclusivamente política, resgate daquele velho conceito grego dos que desejavam interferir nos destinos da comunidade a que pertenciam.

Grupos de deserdados reconfiguram o sentido do termo família: em inúmeras favelas brasileiras, quando uma família não encontra formas de sobrevivência, seus membros são "cuidados" pelos vizinhos até que possam se recompor. É irrelevante se há "bondade" orientando tal ação; vivendo no limite de suas possibilidades, todos compreendem e fazem empatia com o sofrimento do "outro".

Da mesma forma, experiências escolares que consideram prioritariamente a realidade do entorno para elaborarem seus

---

[8] Desnecessário elencar os efeitos deletérios que tal racicnalidade impôs ao ambiente, a destruição piroclástica implementada para saciar sua inversão de matéria em consumo. O mito do Fausto hoje nos parece aquém de suas previsões acerca dos equívocos do desenvolvimento (BERMAN, M. **Tudo que é Sólido Desmancha no Ar**).

currículos vêm despontando, ainda de modo insípido, no cenário educacional, valorizando a autonomia pedagógica de forma radical, em que os atores envolvidos abdicam de sua condição de desigualdade para erigir a cooperação como sentido da ação.

Enquanto isso, na periferia de uma cidade serrana do Rio de Janeiro (Petrópolis), a comunidade de Carangola superou um cenário de miséria, drogas, abandono, criminalidade dando as costas para o sistema que a rejeitava: de posse de uma vasta rede de saberes e de tecnologia sem poder, chamada permacultura, construíram biodigestores, habitações com resgate de técnicas há muito esquecidas, mas adequadas às condições climáticas e culturais da terra, construções de tanques piscicultores, de hortas e plantio diversificado, envolvendo todos os integrantes numa jornada que a levou a experimentar uma autonomia que não necessita nada de fora e nem produz nada para fora.

Da mesma forma, comunidades remanescentes de quilombos, insistentes caipiras da Serra da Bocaína, diversos grupos indígenas das amazônias, comunidades pescadoras em variados pontos ocultos da costa vivenciam experiências conservadas por muito tempo e apenas possível como solidariedades não hierárquicas. O movimento de ecovilas se expande, assim como o de comunidades autônomas de diversas inclinações, como os focolares, os habitantes de tantos vazadouros a circundar as metrópoles, numa variedade tão grande de experiências distintas que é muito difícil asseverar que viveremos de novo a abstração das macrossociabilidades.

Nesses casos, opera o chamado comportamento complexo: "sistema com múltiplos agentes interagindo dinamicamente de diversas formas, seguindo regras locais e não percebendo qualquer instrução de nível mais alto"[9]. É pela singularidade, pelo sentido que cada grupo confere a seus problemas, pela perspectiva que o novo cenário se fragmenta que devemos ajustar nossas ferra-

---

9 JOHNSON, S. **Emergência**. Rio de Janeiro, Record, 2003, p. 15.

mentas, nós que ainda vivenciamos a mais inercial e conservadora instituição iluminista, a universidade.

Quem se abrigar sob a mecânica dessa aparelhagem ocular jamais voltará a pensar em soluções globais, mudanças planetárias, revoluções totalizantes, tão caras a nossas inclinações propedêuticas.

Mas, afinal, podemos nomear essa aparelhagem?

Hoilístico é o termo que Maturana[10] confere a essa epistemologia. Segundo ele, nesse caso, a realidade invade o observador com todas as suas incoerências, com todas as suas densidades, com todas as suas anfractuosidades. Prenhe de novidades, apresenta singularidades enquanto o observador abdica dos pré-julgamentos, dos pré-conceitos, da valoração axiológica que normalmente acompanha as certezas. Sua atenção é plena, seu respeito, absoluto!

Mas não confundamos esse "silêncio" com objetividade ou anulação. Esse "silêncio" é necessário para a recepção completa (tanto quanto possível para o observador, mas é igualmente parcial, fragmentária, superposta, empanada, luxuriante, luminosa, sombria, conflituosa, dinâmica, etc.) e densa da realidade, já que a ânsia pela conexão é política e reconhece e admite a novidade do mundo em sua menor manifestação, o estranhamento de suas inusitadas redes informacionais.

Contudo, não há realmente novidade nessa postura. Willian Blake, Henri Toreau, Ilia Prigogine, Fritjoy Capra, Fustel de Coulanges, Steve Johnson, dentre tantos outros operaram em seus próprios tempos como vozes a nos lembrar que o modelo hegemônico jamais abrangeu a totalidade. Repleto de fissuras, de brechas e de vazamentos buscou na ideologia o apoio para ocultar suas deficiências de conquista, seus fracassos e suas eventuais desistências no enfrentamento mais duro das minúcias, em que os homens, sujeitos de batalhas e de guerras pessoais, escolhem seus próprios caminhos.

---

10 MATURANA, H. **A Árvore do Conhecimento**.

Ou mesmo quando os oportunismos servem para reforçar e aprimorar os processos de dominação das almas, como é o caso do toyotismo, artimanha administrativa que se apropria das tendências grupais de solidariedade para orientar o pertencimento e a produção, em que o operário passa a ser denominado "colaborador", têm de reconhecer que há, então, uma tendência grupal não hierárquica.

Ou quando matemáticos ou engenheiros surpreendem computadores lógicos operando como colaboradores e não como competidores, como seria esperado por seus programadores[11].

A base teórica dessa inusitada tendência que questiona tanto as teorias da vida produzidas pelo século XIX, quanto as teorias sociais pautadas, ambas, pelo determinismo é conhecida como *emergência*, movimento de orientação *bottom-up*, ou seja, que se inicia pela "base" e emerge para todo o corpo, reconhecimento e detecção de ações coletivas não hierárquicas.

Teoria do caos, sistemas de não equilíbrio, sistemas dissipativos, incertezas, dinâmica dos fractais, teoria dos quantas, imprevisibilidade, eis os termos dessa epistemologia. Etno-matemática, física subatômica, agricultura orgânica, administração de conflitos, biotecnologia, neurolinguística, engenharia da roça, eis algumas áreas de estudo e aplicação já incorporadas por poucas universidades.

Teoria e metodologia devem integrar-se a essa epistemologia, já que qualquer indelicadeza de aproximação impede a conexão propositiva, pelo desgaste e desconfiança que os arautos das soluções mágicas impuseram em seus esforços, em grande medida involuntários, de anulação do potencial da *emergência*.

Como teoria, a *emergência* fez parte de estudos realizados em redes tão variadas quando as cidades, os insetos sociais, os softwares e as conexões neurais aprimoradas pelas pesquisas da

---

[11] RIDLEY, M. **As Origens da Virtude**. Um estudo biológico da solidariedade. Rio de Janeiro, Record, 2000, p. 63-80. Trata-se de experiência realizada a partir da teoria dos jogos com o chamado "dilema do prisioneiro".

neurofisiologia. Como metodologia mais adequada aos propósitos e limites deste ensaio utilizarei os estudos de Martin Buber e de Dan Baron quanto ao potencial dialógico necessário à integração nas redes de solidariedade.

A surpresa da *emergência* como tendência compôs um conjunto de descobertas razoavelmente variadas em áreas e tempos igualmente distintos.

Pesquisas iniciadas no fim dos anos 60, associando a termodinâmica do não equilíbrio, a matemática e os sistemas vivos, trouxeram a tona o *Dictyostelium discoideum*, uma espécie de ameba ou fungo que, ao ser observado a olho nu, desapareceu na frente dos pesquisadores. O desaparecimento foi assim explicado:

> O *discoideum* passa grande parte de sua vida como milhares de outras criaturas unicelulares, cada uma delas movendo-se separadamente das companheiras. Sob condições adequadas, essas miríades de células aglomeram-se novamente em um único organismo maior, que então começa seu passeio tranquilo e rastejante pelo jardim, consumindo, no caminho, madeira e folhas apodrecidas. Quando o ambiente é mais hostil, o *discoideum* age como um organismo único; quando o clima refresca e existe uma oferta maior de alimento, "ele" se transforma em "eles". O *discoideum* oscila entre ser uma criatura única e uma multidão[12].

As pesquisas, até aquele momento, pressupunham que células líderes enviavam informações químicas, denominadas acrasinas, disparando o comando que orientaria todo o corpo de indivíduos numa ou noutra disposição, tendência predominante pelos parâmetros conservadores que pautavam as explicações científicas em geral:

> Parecia uma explicação perfeitamente razoável. Nós estamos naturalmente predispostos a pensar em termos de líderes, quer falemos de fungos, sistemas políticos ou nossos próprios corpos.

---

[12] JOHNSON, S. **Emergência**. Rio de Janeiro, Zahar Ed. 2003, p. 10.

Nossas ações parecem ser governadas, na maior parte dos casos, por células-líderes em nossos cérebros e, durante milênios, fomentamos elaboradas células-líderes em nossas organizações sociais, seja na forma de reis ou ditadores, ou até de vereadores. A maior parte do mundo à nossa volta pode ser explicado em termos de hierarquias e sistemas de comando – por que seria diferente com o *Dictyostelium discoideum*?[13]

Mas, sob esse novo ferramental mental mais adequado à instabilidade e à incerteza, a descoberta da Dr. Evelyn Fox Keller, bióloga molecular com doutorado em física pela Universidade de Harvard[14], superou os limites epistemológicos vigentes, mostrando que a acrasina, ao percorrer o fungo, não vinha de nenhuma célula-líder, mas fluía pelos indivíduos em trajetórias absolutamente randômicas, revelando uma comunidade não hierárquica.

Ao mesmo tempo e tão distante dali, outra cientista entomologista fazia descoberta semelhante em formigueiros, consagradas estruturas hierárquicas até então intocadas em sua similitude com nossas organizações sociais. Descobriu não somente o mesmo movimento, chamado de *bottom-up*, mas que o formigueiro, como macroorganismo, também aprende e se modifica com o passar dos anos.

Mas foram os estudos sobre a cidade que abriram fendas de possibilidades para leituras heterodoxas.

As cidades não foram criadas por comissões de planejamento central, mas pelas pequenas ações de estranhos que se encontravam em seus afazeres vinculados à vida pública. O espaço metropolitano habitualmente aparece como uma linha de arranha-céus, mas a verdadeira magia da cidade vem de baixo (JOHNSON, 2003, p. 67-68).

---
[13] JOHNSON, op. cit., p. 11-2.

[14] Tal ênfase é importante, já que aponta para a necessária adesão a uma epistemologia que não se encerre em cristalizações disciplinares e em determinismos que obliteram a percepção.

Segundo o autor, a cidade é um bem-sucedido condutor de fluxos de informações. Ao longo da história, foi a administração da informação que municiou as escolhas para o ajuntamento comercial, financeiro, de segurança, embora os micromotivos não previssem esse macrocomportamento.

A semelhança de tal organismo com o formigueiro está no fato de que as cidades também aprendem. Todavia, um nível de aprendizado senciente (através do *páthos*). E aprendem no nível da calçada. "As calçadas (...) são as junções da vida da cidade" (idem, p. 69). A intensificação dos "encontros" nas calçadas levam a uma troca constante de informação entre as pessoas que as modificam, criando uma complexidade (tecer juntos) adequada para um aprendizado superior.

Mas esse transitar pelas calçadas de nada serviria se não alterasse comportamentos. Quando altera um comportamento, há mudança global no fazer urbano. Para compreendermos a importância da cidade como um sistema emergente, devemos aceitar que a cidade como um teatro político é uma ficção, ou seja, é discurso, assim como a cidade como um centro hierárquico é um exercício permanente de convencimento, ainda que sintamos que são as relações interpessoais que movimentam a cidade.

O que fungos, formigas, cidades têm em comum para o princípio da emergência é sua condição descentralizada e, principalmente, a capacidade que cada indivíduo tem de aprender com o outro, numa troca potencialmente transformadora, criando um aprendizado de nível superior.

Compreendendo que as mudanças de comportamento intersubjetivas são possíveis a partir de experiências concretas de relações, ainda no ano de 2004 começamos um grupo de estudos na PUC de São Paulo sobre as potencialidades das tecnologias sem hierarquia e sem poder e sua profícua relação com a autonomia.

Durante o primeiro semestre daquele ano, estudamos não somente lugares em que a autonomia havia deixado sua marca, mas uma gama de técnicas adequadas a produzir encontro e diálogo.

Quanto às técnicas, aprendemos a construir biodigestores, fogões solares, sistemas computacionais livres (linux), coleta de água de chuva, construção de habitação a custo zero, possibilidades de energia alternativa, plantio de hortaliças, etc.

Essas tecnologias desprovidas de poder são fruto de saberes acessíveis a qualquer um, e que adequadamente chamaríamos de tecnologias de convivência, que conduzam à autonomia, entendida aqui como vivência coletiva possível fora dos sistemas de poder enraizados na unidimensionalidade da vida social formal, certeza da epistemologia solipsista.

Descobrimos que estávamos diante de um conceito desconhecido (por nós) até aquele momento. Tratava-se da permacultura.

A permacultura cuida da produção e desenvolvimento de técnicas diversas, utilizando os materiais disponíveis nos próprios ambientes realizadores.

No final daquele primeiro semestre de 2004, o grupo de estudos transformou-se em grupo de trabalho e fomos atrás das conexões extramuros da universidade.

Esse segundo momento ocorreu em comunidades em que tais tecnologias pudessem servir adequadamente para produzir o diálogo entre sujeitos de ação. Devemos destacar que tais tecnologias são pretextos para o encontro entre sujeitos de distintas experiências e é esse encontro, desprovidos das hierarquias que normalmente os inviabilizam, que é potencialmente transformador, seja para os próprios sujeitos envolvidos, seja para aquilo que possa daí resultar, impossível de prever de antemão.

Nossa primeira ação se desenrolou num prédio ocupado no centro de São Paulo. Conjuntamente com os moradores, desenvolvemos um sistema de plantio de alface, utilizando gôndolas feitas de garrafas pet.

Dali, novas conexões abriram-se e conhecemos uma favela na zona sul, chamada de comunidade da Duda (Jardim Vera Cruz) e ali realizamos a implantação de um esgoto ecológico, durante todo aquele semestre, e viajamos atrás de técnicas para coleta de água de chuva, plantio de hortas e pomares coletivos, herbários, trabalho com teatro e processos de alfabetização cultural contextualizada. Atualmente, nos mobilizamos na construção de uma creche feita em solocimento e taipa de pilão com o envolvimento da comunidade. Esse diálogo entre sujeitos tão diferenciados é, não tenho dúvida, potencialmente transformador para todos os envolvidos.

O local sob dois ângulos:

O Esgoto Ecológico:

Vivemos um tempo de nebulosas. Há, ainda, fortes determinismos do paradigma das hierarquias, mas também há indícios de um novo paradigma, que poderíamos chamar de holístico. Neplanta foi o nome que aqueles que testemunharam a chegada dos espanhóis no México deram para essa ambiguidade de dois mundos de experiências convivendo lado a lado. Enquanto um ainda está vitalizado, o outro avança sorrateiro às vezes, intempestivo outras, como ondas consecutivas de fractais, levezas que provocam furacões.

Podemos surpreender esse nosso momento neplanta. Descartes escreve na *Segunda Meditação Metafísica*:

> "Esforçar-me-ei e seguirei novamente a mesma via que trilhei ontem, afastando-me de tudo em que poderia imaginar a menor dúvida, da mesma maneira como se eu soubesse que isto fosse absolutamente falso; e continuarei sempre no meu caminho até que tenha encontrado algo certo, ou pelo menos, se outra coisa não me for possível, até que tenha aprendido certamente que nada há

de certo no mundo. Arquimedes, para tirar o globo terrestre de seu lugar e transportá-lo para outra parte, não pedia nada mais exceto um ponto que fosse fixo e seguro."[15]

Contraponho à máxima cartesiana o texto de Dan Baron produzido já sob a ótica desse novo paradigma:

> "Minhas mãos descansam no teclado. Elas estão bronzeadas e calejadas por estarem há seis semanas, o dia todo, cortando azulejos sob o sol de inverno. Cicatrizes de cortes inflamados e infeccionados – onde o cimento penetrou nos dedos e corroeu nossa pele, enquanto o passávamos nos cacos e os colávamos – gravam o processo de descobrir como se constrói um mosaico. Minha mão direita arde e agora está maior do que a minha mão esquerda, inchada e mais forte por pressionar a torquês para aqueles a quem faltava força para cortar a cerâmica. Ela se abre e se fecha durante o meu sono, lembrando e se recuperando. Eu tentei, mas não consegui cortar com a minha mão esquerda.
> (...) Todos os jovens batalharam com as torqueses. Apesar do prazer de trabalhar juntos, as dificuldades no cortar começavam a ser uma ameaça ao processo criativo. Numa manhã, no entanto, eu me vi fotografando uma das participantes enquanto ela descobria que, colocando metade da torquês além da borda do caco de azulejo, a força necessária para segurar e cortar se reduzia drasticamente. Agora todos nós estamos cortando. Em pequenos grupos. De modos diferentes, mas com cuidado. E com maior precisão."[16]

Destaco que diante do problema, foi uma das participantes que encontrou, no fazer, a solução.

A certeza que alguns ainda conservam e a incerteza que tantos vivenciam, o ensinar e o aprender, o poder e a relação que o recusa.

---

15 MATTOS, Olgária. A Melancolia de Ulisses. In: **Os Sentidos da Paixão.** São Paulo, Cia das Letras, 2002, p. 151.

16 BARON, Dan. **Alfabetização Cultural.** São Paulo, Alfarrábio, 2004, p. 35 e 44.

    Como se viu, nossa utensilhagem mental é limitada para esses tempos tão erradios. Temos designado de alienados todos aqueles incapazes de discernir criticamente o mundo referencial do poder e temos nos esforçado sobremaneira para conscientizá--los dos caminhos mais apropriados para a mudança. Quando usufruímos do discurso da educação como saída para os problemas sociais, estamos reforçando a direção da solução dual e simplificada: esclarecidos – ignorantes.

    Necessitamos inverter o sentido da conscientização: todos nós que vivemos sob o questionável privilégio do egoísmo deveríamos ter o direito a uma convivência transformadora.

4 Tempo de Criação

Nessa época, fizemos uma apostila e uma tentativa de um trabalho mais institucional. Esse nosso grupo teve dois nomes em tempos diversos. Começamos adotando o nome de William Blake, um dos primeiros a recusar o modelo iluminista que estava, então, ensaiando os seus passos e começava a enterrar suas garras nas profundezas da unidimensionalidade. Depois, quando já éramos um grupo de trabalho, adotamos um espelhamento da palavra "AutonomiA".

Vejamos a apostila:

AimonotuA

Vivemos hoje num mundo perfeitamente teorizado. Há alguns séculos pessoas pensaram em como solucionar os problemas da sociedade, mesmo as necessidades mais básicas da população. Desde então, somos ensinados que educação, saúde, moradia, saneamento básico, entre outros, nos são dados como "direitos" – a serem oferecidos pelo Estado. Entretanto, basta uma olhadela para fora das leis e dos livros de direito para constatar o abismo entre as necessidades (consideradas direitos) da população e o cotidiano das pessoas.

Que os direitos não atingem a todos, isso já não é novidade; e sendo assim, parece que o fato já não mais atinge, não mais incomoda as pessoas. Os próprios "cidadãos" desprovidos de seus direitos, em sua maioria, se resignam no fato de serem oprimidos; e quando decidem entrar em ação, lhes são oferecidas, como em uma prateleira de supermercado, opções que, na realidade, não passam de variações de uma mesma coisa: reivindicar do Estado o cumprimento de seus deveres.

Isso gerou, historicamente, uma passividade generalizada – como continuar reivindicando após décadas em que o único produto dessa reivindicação é a mesma resignação em ser "excluído"? Devemos, a partir de hoje, pensar que o mundo está para ser refeito. Agora, em vez de reunir centenas de pessoas para exigir o cumprimento de seus direitos, devemos mobilizar essas pessoas para executar ações e atividades que façam suprir suas necessidades; é possível, com técnicas de permacultura e mobilização da comunidade, solucionar necessidades que, em teoria, deveriam ser supridas pelo Estado. Devemos hoje viver em busca da autonomia que perdemos com os "direitos assegurados". A autonomia total das pessoas em relação ao Estado e ao Mercado deve ser nossa utopia. Somente teremos alguma chance de transformação se conseguirmos mudar nosso próprio cotidiano. Sejamos utópicos! Mas conscientes de que a utopia não é um lugar a ser atingido (o horizonte se distancia ao mesmo passo de nossas pernas), mas uma referência, um norte.

Biodigestores

A função de um biodigestor é transformar dejetos em gás. O dejeto pode ser animal ou humano. O gás produzido pode ser utilizado na cozinha, ou como combustível para um motor acoplado a um gerador de energia elétrica.

Construção:
 Para sua construção é necessário um tanque estanque que armazene estrume e/ou matéria orgânica na proporção 1 para 3 partes de água.
 Deixe fermentar (fermentação anaeróbica).
 Desta fermentação temos o gás que deve ser canalizado para ser utilizado no fogão ou no motor. O resíduo líquido pode ser utilizado com fertilizante e como repelente atóxico de insetos numa horta ou pomar.
 Para 100 litros de esterco (7% sólido) é produzido 2,72 litros de gás.

 OBS: Este sistema só é eficiente quando temos grandes quantidades de matéria prima (estrume ou matéria orgânica).

Reciclagem de águas

1. Captação de água de chuva
 O telhado é o captador de água. Quanto maior, mais chuva pode-se captar.
 Um telhado de 100 metros quadrados, em um lugar que chove 1.000mm de chuva por ano, capta 100.000mm de água em um ano.

 Construção:
 Os reservatórios ou caixas d'água devem ter capacidade para armazenar a água. Para ter certeza de sua capacidade deve-se levar em conta o índice pluviométrico mensal e a necessidade de consumo.
 A água da chuva não tem sais minerais, por isto, devemos colocar algumas pedras no interior das caixas d'água.
 Nas regiões consideravelmente industrializadas ou com grande fluxo de veículos, deve-se colocar filtros adequados para reter as partículas de poluentes encontrados no ar, no caso do uso da água para consumo alimentar.

Filtro:
Para a reciclagem da água, basta passá-la por uma série de filtros. Alguns são mais eficientes, como é o caso do carvão ativado, mas todo material poroso poce ser usado para isso.
A brita absorve bastantes partículas por causa de sua porosidade, no entanto, o carvão ativado tem mais poros, e por isso, é mais eficiente.
O uso de filtro de barro ou similares também pode ser usado em conjunto ao sistema de captação e filtragem por material poroso.
Existem vários sistemas para revitalizar a água. Alguns usam o sistema de oxigenação através de quedas d'água, outros fazem a água circular em aspirais em vários sentidos para adquirirem energia e, com isso, a revitalização.
A Água-Pés é usada para ajudar a filtrar as águas. Estas plantas são eficientes e tem crescimento e reprodução rápidos, basta que retiremos o excesso de vez em quando.

2. Reuso de águas

Esgoto é o termo usado para caracterizar os dejetos provenientes dos diversos usos das águas.
Podermos classificar o esgoto doméstico em dois tipos: aquele composto de urina e fezes; e o composto por águas de banho, sabões, detergentes e águas de lavagens em geral.

Construção:
Para a reciclagem dessas águas devemos criar ambientes que alternem oxigênio e não oxigênio.
Necessária a construção de filtros com materiais porosos que irão limpar a água dos resíduos sólidos em suspensão. Os materiais porosos devem ter tamanhos diferentes para reter todo tipo de sólido.

OBS: A dimensão do filtro está relacionada com a demanda de águas servidas.

Consorciar com plantas aquáticas que irão ajudar a filtragem e limpeza da água.

Processo:
As bactérias são as principais responsáveis pela decomposição da matéria orgânica. Estes organismos unicelulares se reproduzem rapidamente a partir da matéria orgânica disponível. A capacidade de sobrevivência delas varia:
Um grupo de bactérias chamadas **Aeróbico** sobrevive em meio oxigenado; outro, o das **Anaeróbicas**, não necessita de oxigênio livre.
As bactérias decompõem as substâncias orgânicas complexas dos esgotos (carboidratos, proteínas e gorduras) transformando-as em material solúvel.
Em condições anaeróbicas a matéria orgânica sedimentável se acumula no fundo da caixa de esgoto formando uma camada de lodo. Este lodo sofre o processo de digestão anaeróbica, ou seja, as bactérias produzem substâncias solúveis que, por sua vez, são utilizadas como alimento dentro do ecossistema, podendo ser convertidas em gases como o dióxido de carbono, metano, gás sulfídrico e amônia.
O filtro (brita, areia, pedriscos e terra) é responsável pela remoção de grande parte da matéria orgânica (ex: gorduras e sabão).

OBS: Quanto maior o número de ambientes anaeróbicos e aeróbicos, maior será a eficiência do sistema de tratamento.

Reciclagem de Lixo

Podemos separar o lixo em dois tipos: Orgânico e Inorgânico.
- ORGÂNICO: casca de fruta, resto de comida, galhos... tudo que se decompõe.
- INORGÂNICO: plástico, vidro, embalagens diversas, papel...

O lixo orgânico pode ser ainda separado em processado e não processado. Lixo orgânico processado é todo aquele que passou por um processo de aumento de temperatura (ou seja, cozimento, forno, etc), a maior parte composta de restos de comida.

O lixo orgânico não processado possui um tempo menor de decomposição; assim, a compostagem desse tipo de lixo orgânico é algo simples e que resulta na produção de um ótimo fertilizante. Para fazer a compostagem basta colocar o lixo orgânico em valas abertas na terra, cobrir novamente com a terra e esperar.

Pode ser feita também em vasos, mesmo nas residências com pouca produção de lixo orgânico – para isso, preencha com terra o fundo de um vaso até aproximadamente 1/3 dele; coloque uma camada de lixo orgânico a ser decomposto de 1/3 do tamanho do vaso e complete com terra o 1/3 do vaso restante.

O tempo total necessário para a compostagem, tanto para a vala na terra quanto para a feita em vaso, é de 2-3 meses para o lixo orgânico não processado e 5-7 meses para o lixo orgânico processado.

O lixo inorgânico pode ser destinado às recicladoras convencionais, mas pode também ser reutilizado, bastando para isso um pouco de criatividade na hora de encarar soluções para nossos problemas cotidianos.

Banheiro Composto

Este é um sistema parecido com o convencional, no entanto, embaixo da privada deve ser feito um buraco para acoplar uma caixa de aproximadamente 50cm numa profundidade de 70cm, com inclinação para fora. Deve ser construído um duto de gases com 60cm de largura que saia por cima do telhado do banheiro e uma porta externa para retirada do material, que pode ser usado na composteira.

OBS: O único cheiro forte que sentimos é o da urina. Podemos amenizar jogando ervas aromáticas no buraco ou evitando urinar demais neste banheiro.

Banheiro Seco

Processo Termofílico: Composto Seco
Deve-se construir um banheiro em que o "vaso" – 20 litros – (volume variável) possa ser facilmente removido. Deve-se ter a mão uma pilha de serragem ou qualquer material orgânico (terra, folhas secas, etc) para cobrir toda a matéria fecal. Após defecar (a urina também entra neste sistema) cobrimos as fezes com nosso material orgânico. A serragem cumpre várias funções: absorve a umidade, elimina o cheiro, amedronta as moscas e outros bichos e ajuda a manter um balanço entre o carbono e o nitrogênio, ótimo para o composto.

Quando o balde ficar cheio, devemos levá-lo à uma composteira. A composteira é uma divisão de três câmaras, cada uma com aproximadamente 1,5x1,5x1m de altura. Depositamos o conteúdo do balde numa das câmaras e cobrimos com folhagem (mato ou folha seca). Com as fezes podemos também agregar nosso lixo orgânico e papéis sem tinta tóxica. A folhagem ajuda a oxigenar o composto.

Lavamos o balde com água e a depositamos água na câmara utilizada, ajudando a manter a umidade do composto.

Não é necessário mexer o composto.
Depois de cheia, devemos deixar a câmara de composto descansar por um ano aproximadamente, dessa maneira começamos a utilizar a segunda câmara. Quando a segunda câmara estiver completa, (tempo de descanso da primeira) podemos remover o adubo da primeira e recomeçar a depositar material orgânico.

OBS: Cada camada de material orgânico depositado na câmara deverá ser coberta por folhagens.
O composto produzido pode ser usado como fertilizante no pomar ou agrofloresta.

Esgoto Ecológico

Este é um ótimo sistema para tratar de forma simples o esgoto doméstico, principalmente o esgoto composto somente de urina e fezes. Consiste em conter o esgoto em um recipiente dividido (por uma parede com alta permeabilidade) em duas câmaras ligadas na parte de baixo, de forma que diferentes tipos de bactérias possam decompor o material orgânico. Do segundo recipiente, o líquido sai por um cano na mesma proporção em que cai mais esgoto no sistema. Esse líquido que sai do segundo recipiente cai dentro de um feixe de bambus, enrolados por uma lona velha e furada, e enterrados no solo em uma profundidade de 40-60 centímetros. O excesso de nutrientes no solo pode ser corrigido com um pequeno pomar ao redor da vala em que o feixe está enterrado.
O volume total do recipiente e o comprimento da vala com o feixe de bambus deve ser calculado de acordo com número de pessoas da casa em que o sistema é instalado. Recomenda-se 60 litros de volume do recipiente e 1 metro de vala por pessoa que usufrua do sistema.

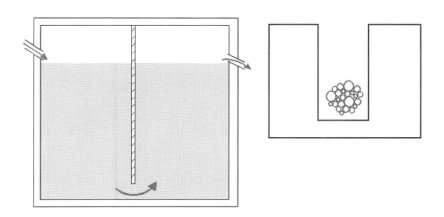

Já o projeto institucional utilizava a lei da OSCIP para viabilizar uma estrutura mais hierárquica, o que acabaria por nos afastar desse modelo, pois, em nossas discussões, a hierarquização era elemento-chave destruidor de uma forma mais autônoma e, portanto, nada hierárquica de nossa inserção nos ambientes que escolhíamos.

5 TEMPO DE APRENDIZADO

ECOVILA CLAREANDO

Nosso período de aprendizagem ocorreu ao mesmo tempo em que trabalhávamos as relações dentro do grupo e com os habitantes interessados da favela da Duda. Fomos até essa ecovila procurar uma forma de fazer um esgoto ecológico para a favela.

Primeiramente, fizemos uma festa na universidade para arrecadação de fundos que subsidiassem as viagens de aprendizado. Nesse primeiro deslocamento, fomos conhecer a ecovila Clareando, de um conhecido permacultor chamado Edson Hiroshi, que fica na Serra da Mantiqueira, entre as cidades de Joanópolis e Piracaia, no Estado de São Paulo, algo como 80 km da cidade de São Paulo.

Iniciado em 2005, as pessoas que congregaram em torno de Edson Hiroshi e Sandra Mantelli, comungam de um mesmo objetivo: viver em harmonia com a natureza, utilizando os recursos naturais de forma sustentável, seguindo os passos da Agenda 21 e os padrões definidos no encontro Rio-92 para a construção e desenvolvimento de ecovilas.

A Agenda 21 formulou propostas sobre o desenvolvimento sustentável e tem uma história que merece ser conhecida:

A adoção formal por parte da ONU do conceito de desenvolvimento sustentável parte da criação em 1972 da Comissão Mundial sobre Ambiente e Desenvolvimento (WCED) que em 1987 publicou um relatório intitulado "Nosso futuro comum", também conhecido como o relatório Brundtland. Esse relatório indicou a pobreza nos países do sul e o consumismo extremo dos países do norte como as causas fundamentais da insustentabilidade do desenvolvimento e das crises ambientais. A comissão recomendou a convocação de uma conferência sobre esses temas.

O desenvolvimento da Agenda 21 começou em 23 de dezembro de 1989 com a aprovação em assembleia extraordinária das Nações Unidas uma conferência sobre o meio ambiente e o desenvolvimento como fora recomendado pelo relatório Brundtland e com a elaboração de esboços do programa, que, como todos os acordos dos estados-membros da ONU, sofreram um complexo processo de revisão, consulta e negociação, culminando com a segunda Conferência das Nações Unidas para o Meio Ambiente e Desenvolvimento, mais conhecida como Rio-92 ou Eco-92, entre 3 e 14 de junho de 1992 no Rio de Janeiro, onde representantes de 179 governos aceitaram adotar o programa.

A Agenda 21 teve um estreito acompanhamento a partir do qual foram feitos ajustes e revisões. Primeiro, com a conferência Rio+5, entre os dias 23 e 27 de junho de 1997 na sede da ONU, em Nova Iorque; posteriormente com a adoção de uma agenda complementária denominada metas do desenvolvimento do milênio (*Millenium development goals*), com ênfase particular nas políticas de globalização e na erradicação da pobreza e da fome, adotadas por 199 países na 55ª Assembleia da ONU, que ocorreu em Nova Iorque entre os dias 6 e 8 de setembro de 2000; e a mais recente, a Cúpula de Johannesburgo, na cidade sul-africana entre 26 de agosto a 4 de setembro de 2002. Este termo, contou com a assinatura de 179 países. (Wikipédia)

Todavia, não podemos nunca nos esquecermos que agendas políticas patrocinadas pela frágil ONU, que envolvam erradicação da pobreza e cautela na destruição do meio ambiente, são prorrogáveis *ad infinitum*, sempre adiadas pelas conveniências imediatistas do discurso do poder, que interpõem o discurso ecológico como um paliativo de que se alimentam os bem intencionados. Mas sabemos perfeitamente que a estrada que leva ao inferno está pavimentada de boas intenções.

Isso não significa, contudo, que se abram perspectivas no nível das relações interpessoais para que cada um de nós agarre alguns fundamentos de autonomia capaz de mudar efetivamente nossas vidas, independente do que façam os poderosos.

São 23 hectares dos quais dois são de mata nativa, com nascentes pertencentes à grande bacia hídrica do Sistema Cantareira, essa região foi considerada APA (Área de Proteção Ambiental).

Segundo Hiroshi, a ideia surgiu de reuniões de integrantes do Acampamento Franciscano, ampliando uma convivência saudável para um estágio permanente, agregando às construções alternativas, atividades ligadas à permacultura, apicultura, horticultura, etc.

Lá, juntos, conhecemos a primeira atividade que daria sentido ao nosso grupo de trabalho, o esgoto ecológico.

Toda essa gênese, nos conta Hiroshi, um homem agradável e sempre de bom humor, que em meio ao prazer de dividir suas experiências conosco, sempre deixa escapar uma ou outra piada sobre seu próprio aprendizado, como quando recuperou um solo de entulhos com o esgoto ecológico descoberto pela experiência de um padre francês do século XIX.

Como é possível perceber, nossa atenção e maravilhamento era total, permanecendo em nossas mentes muito depois de nos despedirmos.

Além das lições generosamente divididas conosco, esse homem surpreendente ainda nos brindou com sua música, tipicamente rural, ao som de sua viola de seis cordas.

Aqui, uma forma de tijolo feito de adobe, que serviria para nos darmos conta das possibilidades que a natureza nos oferece e de quão fácil poderia ser construir uma casa, como essa pequena a seguir, construída em uma única oficina com crianças em meio a muita brincadeira.

Abaixo, um galpão oficina construído todo em taipa de mão e coberto com um teto vivo, congregando *design* e ambiência com uma surpreendente harmonia.

Galpão feito com pau a pique, ou taipa de mão, com telhado verde que é construído com uma base de bambu, papelão, plástico preto e terra, em que se pode plantar ervas e temperos. Nas janelas, um para-brisas descartado de carro, garrafas e madeira.

A seguir, um biodigestor, alimentado com fezes de animais que produz gás e um derivado líquido que é aspergido nas plantações para desorientar os insetos.

Técnicas como essas, aliás, consistem nos fundamentos da permacultura, numa aliança entre o homem e a natureza. Quando perguntado sobre as casas de taipa e a possibilidade de atraírem o bicho-barbeiro, Hiroshi não pestanejou e ensinou uma forma de eliminar o perigo.

Como o inseto só voa para baixo, na base do solo prega-se uma aba de metal ou outro material, como se fosse um rodapé em relevo, enfim, um dispositivo que impeça que o inseto suba pelas paredes, há uns cinco ou dez centímetros do solo. Como o inseto não consegue subir nesse patamar, fica no solo, prostrado e morre.

Muitos do nosso grupo sentiram a plenitude do lugar e experimentaram sensações que haviam ficado esquecidas na infância.

Ao final, a viola de Hiroshi brindou nossa despedida com uma emoção indescritível de uma convivência realmente transformadora.

Parcerias como essas fazem parte da rotina dos trabalhos de Hiroshi e dos propósitos da ecovila. Segundo ele:

Dos seis elementos da Agenda 21, dois são sociais de intercâmbio. Entramos na questão da convivência entre iguais. Alguém que descobre algo não pode se isolar. Tem que dividir este conhecimento.

Quando abordamos o tema de construções alternativas, é importante divulgar as dificuldades que encontramos, o que descobrimos com a experiência, quais os materiais mais baratos e eficientes, entre outras questões.

Ao criar parcerias a Ecovila Clareando abriu as portas para que universidades e escolas ampliassem seu campo de ação. Antes elas ficavam somente dentro de seus campus ou salas de aula. Agora as instituições de ensino são parceiras de ecovilas como a nossa ou o Tiba.

Um professor, por mais equipado que esteja em sua universidade, não vai ter acesso a um tipo de solo que tem nas proximidades de onde atua, por exemplo. Na maioria dos casos eles constroem casas que são protótipos e não casas como as que existem na ecovila, onde moram famílias. Nós sabemos das vantagens e problemas de morar numa casa de Adobe. Podemos passar esta experiência dentro de uma diretriz e os professores a deixam mais acadêmica.

As universidades USP, UFScar, Unicamp de São Paulo e interior já trouxeram turmas de cursos relacionados à bioconstrução e bioarquitetura. Geralmente os professores mostram as construções na prática e passam dados técnicos sobre pesquisas que realizam nesta área. Eles também convidam os integrantes mais ativos da comunidade para palestras em seus ambientes. O vice-reitor da Unicamp já esteve na ecovila acompanhando turmas.

Algumas escolas primárias também já estiveram na Clareando, resultando em parcerias muito interessantes. Com isto, é possível passar noções de ambientalismo para crianças e elas ficam marcadas para sempre. Os pequenos começam a tratar de assuntos que muitos adultos só começaram a tratar agora.

Quando nos despedimos, Hiroshi nos alertou sobre os caminhos que a crise atual pode nos conduzir:

> Como vocês poderão enfrentar a crise mundial que está vindo? A melhor maneira é adotar um estilo de vida simples e de elevados pensamentos...
>
> Escolham um lugar adequado para morar, mas não maior do que realmente necessitam, e se possível, num local onde os impostos e outros encargos sejam razoáveis. Façam as vossas próprias roupas; conservem os vossos próprios alimentos.
>
> Cultivem as vossas próprias hortas, e se possível, criem algumas galinhas para produzirem ovos. Cuidem vocês próprios do jardim, do contrário perderão dinheiro pagando a um jardineiro. Levem uma vida simples e gozem daquilo que Deus vos proporciona sem buscar prazeres falsos e dispendiosos.
>
> Muito há escondido na natureza de Deus para fascinar a mente humana. Usem vosso tempo livre para ler livros proveitosos, meditem e apreciem viver uma vida sem complicações. Não é melhor viver com simplicidade, com menos preocupações e com tempo para procurar Deus, do que possuir uma mansão, dois carros, e prestações e amortizações que não consigam enfrentar?
>
> O homem tem que voltar para o campo; isto finalmente acontecerá. Se pensam que isto não acontecerá, verificarão que estavam enganados. Independentemente de onde esteja a vossa casa e o vosso trabalho, cortem os luxos, comprem roupas mais baratas, abasteçam-se das coisas de que realmente necessitam, cultivem a vossa própria comida, e ponham de lado, regularmente, algum dinheiro, para maior segurança.

Deixamos a Ecovila Clareando com nossas mentes vibrando de esperança. Era fevereiro de 2005 e nossa ânsia de colocar em prática esses valiosos ensinamentos era sentida como uma urgência de vida.

Antes que o semestre terminasse, ainda conheceríamos outras pessoas incomuns em nossa busca pelas trocas incessantes que a permacultura nos convidava.

A comunidade dos Emaús de Ubatuba foi um desses encontros únicos que transformam as nossas vidas e modificam a forma com que observamos o cotidiano.

COMUNIDADE DOS EMAÚS

Chegamos à comunidade dos Emaús meio que por acaso fortuito, embora saibamos que o acaso seja mais uma das formas da manifestação de Deus. Numa das paradas de uma longa viagem em busca do Instituto de Permacultura da Mata Atlântica, perguntamos às pessoas que estavam num bar de estrada que nos deram a informação desta comunidade, bem perto dali.

Era já manhã alta quando entramos no território da comunidade, na zona rural de Ubatuba, um conjunto de casas e um galpão maior que abrigava uma marcenaria, compunham o espaço exterior que ocultava a surpresa.

Fomos recebidos pelo seu Jorge que, sem surpresa, nos acolheu como se tivéssemos marcado nossa vinda antecipadamente.

Jorge da Cruz Oliveira deixou Ipiaú, na Bahia, em 1990 com o objetivo de formar em Ubatuba uma comunidade autônoma fundamentada nos princípios do Movimento Emaús, uma organização fundada na França pelo padre Pierre, ou Henri Antoine Groués (1912-2007), há 50 anos, e que tem como lema "A força da partilha".

Quando lá chegamos, eram 22 famílias, ou algo em torno de 200 pessoas produzindo todo o alimento que consomem, produzindo renda familiar até tornarem-se autossuficientes para deixarem a comunidade.

Na comunidade, que fica no bairro Ipiranguinha, zona rural de Ubatuba, o lixo é separado e vendido, o esgoto é tratado por meio de um sistema alternativo e vira adubo para as plantações, os dejetos dos porcos passam por um biodigestor e se transformam em gás natural.

Como alimentos que ali se cultivam, destacam-se os pés de cacau e as bananeiras, nas hortas abundam alfaces e couves, tomates e mandiocas, além do arroz, que a comunidade consome.

Ele nos diz: "Quando comecei o trabalho na comunidade, falava-se muito em preservar as matas, mas ninguém parecia se preocupar com o homem pobre. Para cuidar do homem, é preciso ensinar que, em vez de desmatar, devemos plantar, em vez de fazer queimadas, devemos preservar".

Como funciona? Pergunto a seu Jorge.

"Suprimos as necessidades básicas das pessoas. Assinamos um contrato de comodato, renovado a cada ano, e oferecemos uma casa com energia, água e esgoto. O contrato estabelece direitos e deveres, como conservar a casa, preservar o meio ambiente, respeitar o próximo e não consumir bebidas alcoólicas, que é a maior causa da miséria entre as pessoas. Assim, vamos conquistando confiança e amizade".

Com a venda do lixo reciclado, cada morador colabora com o total de sete toneladas de lixo reciclado vendido a cada três meses, se consegue uma base monetária sólida, que é complementada com uma parceria com a prefeitura para a recuperação de carteiras escolares, cadeiras e objetos diversos, tudo executado na marcenaria comunitária.

Mas o que mais nos impressionou foi o sistema de limpeza das águas do esgoto: "eu adoro ler tudo o que aparece na minha mão. Fiquei sabendo, através de um jornal de Piracicaba, de um projeto alternativo de saneamento. Fui atrás do engenheiro responsável e ele acabou nos ajudando a implantar o sistema na comunidade, nos acompanhando durante três meses".

Depois nos confessou que a Sabesp vive pressionando-o para anular o sistema e jogar nos esgotos da empresa, que serão desovados no mar por um emissário.

O que nos marcou é que, bem ao lado da comunidade, corre um riacho e seria muito mais comum manter o hábito de despejar o esgoto ali. Mas sua preocupação com o lugar em que vive moveu os ponteiros para o caminho da recuperação das águas.

Assim, desde 1994, o tratamento é efetuado por dois tanques de sedimentação, sendo que o primeiro, que recebe o impacto da carga, é habilitado por filtros de carvão e areia e no segundo, aguapés que seu Jorge trouxe da Bahia, erradicando doenças como hepatite, disenteria, dentre outras.

Um dia de visita na comunidade do EMAUS

"Seu Jorge"

Marcenaria

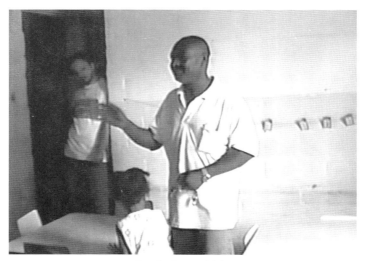
Escola Comunitária

Oficina de roupas

O rio

Esgoto 1

Esgoto 2

Esgoto 3

Esgoto 4

Água limpa retornando ao rio

Campo de futebol

Pocilga 1

Pocilga 2

Biodigestor

Composteira

    Há também um sistema de composteira, que recolhe todo o lixo orgânico para a produção de adubo, evitando o uso de agrotóxico e adubo químico.

    Além disso, instalou uma pocilga com 70 porcos e da recolha das fezes, seu Jorge instalou um biodigestor para a produção de gás. Ele conta que "uma empresa alemã doou o equipamento. O que acontece é que acabamos produzindo, a partir do esgoto, o gás natural que abastece as casas".

Ficamos o dia todo aproveitando a companhia de seu Jorge e já ao final da tarde fomos em busca do Ipema.

INSTITUTO DE PERMACULTURA DA MATA ATLÂNTICA (IPEMA)

O acesso ao Instituto é íngreme pelas encostas da mata atlântica, compensada não só pela visão esplêndida do mar de Ubatuba, mas principalmente pela casa autônoma criada pelo fundador do Instituto.

Logo de cara, Marcelo nos informa que a missão do Ipema é fomentar a permacultura para a criação de assentamos humanos sustentáveis.

Criado em 1999, o instituto oferece cursos para a capacitação de pessoas que desejem criar ecovilas ou casas sustentáveis, que prefiro denominar de autônomas.

Marcelo nos ensina que:

> A Permacultura aproveita todos os recursos disponíveis, e faz uso da maior quantidade de funções possíveis de se aproveitar de cada elemento presente na composição natural do espaço. Mesmo os excedentes e dejetos produzidos por plantas, animais e atividades humanas são utilizados para beneficiar outras partes do sistema.
>
> As plantações são organizadas de modo que se aproveite da melhor maneira possível toda a água e a luz disponíveis. Elas são arranjadas num padrão circular em forma de mandalas, com acesso facilitado por todos os lados. Os pomares são cobertos de leguminosas imitando o ambiente das florestas. Os galinheiros são rotativos, para que as galinhas sejam deslocadas para outro ponto após terem estercado a terra, que será usada para outro fim, enquanto que as galinhas preparam e adubam uma nova área.
>
> O princípio básico da Permacultura é: trabalhar "*com*" e "*a favor de*", e não "*contra* a natureza".

> Os sistemas Permaculturais são desenvolvidos para durar tanto quanto seja possível, com o mínimo de ntervenção. Os sistemas são tipicamente energizados com a luz do sol, os ventos, e/ou as águas, produzindo energia suficiente para suas próprias necessidades.

Mas o que realmente aprendemos nesse instituto foi como recuperar tanto as águas cinzas do banheiro quanto as águas contaminadas pelo óleo de cozinha.

Depois dessa viagem já estávamos prontos para um passo maior.

PAUSA PARA TRÊS TEXTOS JOCOSOS

Sobre o Consumo

Ora, um dos elementos mais destrutivos que posso apontar é o consumo. O seu hábito e normalidade são responsáveis pela subserviência de muitos às formas de trabalho mais humilhantes e por vezes intoleráveis, em nome da prestação do televisor ou do carro usado.

O texto a seguir tece uma crítica cportuna a sua naturalização embora não nos alerte sobre as alternativas que temos. Isso faço eu aqui.

> **O Império do Consumo**
> *Por Eduardo Galeano*
>
> A explosão do consumo no mundo atual faz mais barulho do que todas as guerras e mais algazarra do que todos os carnavais. Como diz um velho provérbio turco, aquele que bebe a conta, fica bêbado em dobro. A gandaia aturde e anuvia o olhar; esta grande bebedeira universal parece não ter limites no tempo nem no espaço. Mas a cultura de consumo faz muito barulho, assim como o tambor, porque está vazia; e na hora da verdade, quando o estrondo cessa e acaba a festa, o bêbado acorda, sozinho, acompanhado pela sua

sombra e pelos pratos quebrados que deve pagar. A expansão da demanda se choca com as fronteiras impostas pelo mesmo sistema que a gera. O sistema precisa de mercados cada vez mais abertos e mais amplos tanto quanto os pulmões precisam de ar e, ao mesmo tempo, requer que estejam no chão, como estão, os preços das matérias primas e da força de trabalho humana. O sistema fala em nome de todos, dirige a todos suas imperiosas ordens de consumo, entre todos espalha a febre compradora; mas não tem jeito: para quase todo o mundo esta aventura começa e termina na telinha da TV. A maioria, que contrai dívidas para ter coisas, termina tendo apenas dívidas para pagar suas dívidas que geram novas dívidas, e acaba consumindo fantasias que, às vezes, materializa cometendo delitos. O direito ao desperdício, privilégio de poucos, afirma ser a liberdade de todos. Dize-me quanto consomes e te direi quanto vales. Esta civilização não deixa as flores dormirem, nem as galinhas, nem as pessoas. Nas estufas, as flores estão expostas à luz contínua, para fazer com que cresçam mais rapidamente. Nas fábricas de ovos, a noite também está proibida para as galinhas. E as pessoas estão condenadas à insônia, pela ansiedade de comprar e pela angústia de pagar. Este modo de vida não é muito bom para as pessoas, mas é muito bom para a indústria farmacêutica. Os EUA consomem metade dos calmantes, ansiolíticos e demais drogas químicas que são vendidas legalmente no mundo; e mais da metade das drogas proibidas que são vendidas ilegalmente, o que não é uma coisinha à-toa quando se leva em conta que os EUA contam com apenas cinco por cento da população mundial. "Gente infeliz, essa que vive se comparando", lamenta uma mulher no bairro de Buceo, em Montevidéu. A dor de já não ser, que outrora cantava o tango, deu lugar à vergonha de não ter. Um homem pobre é um pobre homem. "Quando não tens nada, pensas que não vales nada", diz um rapaz no bairro Villa Fiorito, em Buenos Aires. E outro confirma, na cidade dominicana de San Francisco de Macorís: "Meus irmãos trabalham para as marcas. Vivem comprando etiquetas, e vivem suando feito loucos para pagar as prestações". Invisível violência do mercado: a diversidade é inimiga da rentabilidade, e a uniformidade é que manda. <u>A produção em série, em escala gigantesca, impõe em todas partes suas pautas obrigatórias de consumo. Esta ditadura da uniformização obrigatória é mais devastadora do que qualquer</u>

ditadura do partido único: impõe, no mundo inteiro, um modo de vida que reproduz seres humanos como fotocópias do consumidor exemplar. O consumidor exemplar é o homem quieto. Esta civilização, que confunde quantidade com qualidade, confunde gordura com boa alimentação. Segundo a revista científica The Lancet, na última década a "obesidade mórbida" aumentou quase 30% entre a população jovem dos países mais desenvolvidos. Entre as crianças norte-americanas, a obesidade aumentou 40% nos últimos dezesseis anos, segundo pesquisa recente do Centro de Ciências da Saúde da Universidade do Colorado. O país que inventou as comidas e bebidas *light*, os *diet food* e os alimentos fast free, tem a maior quantidade de gordos do mundo. O consumidor exemplar desce do carro só para trabalhar e para assistir televisão. Sentado na frente da telinha, passa quatro horas por dia devorando comida plástica. Vence o lixo fantasiado de comida: essa indústria está conquistando os paladares do mundo e está demolindo as tradições da cozinha local. Os costumes do bom comer, que vêm de longe, contam, em alguns países, milhares de anos de refinamento e diversidade e constituem um patrimônio coletivo que, de algum modo, está nos fogões de todos e não apenas na mesa dos ricos. Essas tradições, esses sinais de identidade cultural, essas festas da vida, estão sendo esmagadas, de modo fulminante, pela imposição do saber químico e único: a globalização do hambúrguer, a ditadura do fast food.

A plastificação da comida em escala mundial, obra do McDonald´s, do Burger King e de outras fábricas, viola com sucesso o direito à autodeterminação da cozinha: direito sagrado, porque na boca a alma tem uma das suas portas. A Copa do Mundo de futebol de 1998 confirmou para nós, entre outras coisas, que o cartão Máster Card tonifica os músculos, que a Coca-Cola proporciona eterna juventude e que o cardápio do McDonald´s não pode faltar na barriga de um bom atleta. O imenso exército do McDonald´s dispara hambúrgueres nas bocas das crianças e dos adultos no planeta inteiro. O duplo arco desse M serviu como estandarte, durante a recente conquista dos países do Leste Europeu. As filas na frente do McDonald´s de Moscou, inaugurado em 1990 com bandas e fanfarras, simbolizaram a vitória do Ocidente com tanta eloquência quanto a queda do Muro de Berlim. Um sinal dos tempos: essa empresa, que encarna as virtudes do mundo livre, nega aos seus empregados a liberdade de filiar-se a qualquer sindicato. O McDonald's viola, assim, um direito legalmente consagrado nos muitos países onde opera. Em 1997, alguns trabalhadores, membros disso que a empresa chama de Macfamília, tentaram sindicalizar-se em um restaurante de Montreal, no Canadá: o restaurante fechou. Mas, em 98, outros empregados do McDonald's, em uma pequena cidade próxima a Vancouver, conseguiram essa conquista, digna do Guinness. As massas consumidoras recebem ordens em um idioma universal: a publicidade conseguiu aquilo que o esperanto quis e não pôde. Qualquer um entende, em qualquer lugar, as mensagens que a televisão transmite. No último quarto de século, os gastos em propaganda dobraram no mundo todo. Graças a isso, as crianças pobres bebem cada vez mais Coca-Cola e cada vez menos leite e o tempo de lazer vai se tornando tempo de consumo obrigatório. Tempo livre, tempo prisioneiro: as casas muito pobres não têm cama, mas têm televisão, e a televisão está com a palavra. Comprado em prestações, esse animalzinho é uma prova da vocação democrática do progresso: não escuta ninguém, mas fala para todos. Pobres e ricos conhecem, assim, as qualidades dos automóveis do último modelo, e pobres e ricos ficam sabendo das vantajosas taxas de juros que tal ou qual banco oferece. Os especialistas sabem transformar as mercadorias em mágicos conjuntos contra a solidão. As coisas possuem atributos humanos: acariciam, fazem companhia, compreendem, ajudam, o perfume te beija e o carro é o amigo que nunca falha. A cultura do consumo fez da solidão o mais lucrativo dos mercados. Os buracos no peito são preenchidos enchendo-os de coisas, ou sonhando com fazer isso. E as coisas não só podem abraçar: elas também podem ser símbolos de ascensão social, salvo-condutos para atravessar as alfândegas da sociedade de classes, chaves que abrem as portas proibidas. Quanto mais exclusivas, melhor: as coisas escolhem você e salvam você do anonimato das multidões. A publicidade não informa sobre o produto que vende, ou faz isso muito raramente. Isso é o que menos importa. Sua função primordial consiste em compensar frustrações e alimentar fantasias. Comprando este creme de barbear, você quer se transformar em quem? O criminologista Anthony Platt observou que os delitos das ruas não são fruto somente da extrema pobreza. Também são fruto da ética individualista. A obsessão social pelo sucesso, diz Platt, incide decisivamente sobre a apropriação ilegal das coisas. Eu sempre ouvi dizer que o dinheiro não trás felicidade; mas qualquer pobre que assista televisão tem motivos de sobra para acreditar que o dinheiro trás algo tão parecido que a diferença é assunto para especialistas. Segundo o historiador Eric Hobsbawm, o século XX marcou o fim de sete mil anos de vida humana centrada na agricultura, desde que apareceram os primeiros cultivos, no final do paleolítico. A população mundial torna-se urbana, os camponeses tornam-se cidadãos.

Na América Latina temos campos sem ninguém e enormes formigueiros urbanos: as maiores cidades do mundo, e as mais injustas. Expulsos pela agricultura moderna de exportação e pela erosão das suas terras, os camponeses invadem os subúrbios. Eles acreditam que Deus está em todas as partes, mas por experiência própria sabem que atende nos grandes centros urbanos.

As cidades prometem trabalho, prosperidade, um futuro para os filhos. Nos campos, os esperadores olham a vida passar, e morrem bocejando; nas cidades, a vida acontece e chama. Amontoados em cortiços, a primeira coisa que os recém chegados descobrem é que o trabalho falta e os braços sobram, que nada é de graça e que os artigos de luxo mais caros são o ar e o silêncio. Enquanto o século XIV nascia, o padre Giordano da Rivalto pronunciou, em Florença, um elogio das cidades.

Disse que as cidades cresciam "porque as pessoas sentem gosto em juntar-se". Juntar-se, encontrar-se. Mas, quem encontra com quem? A esperança encontra-se com a realidade? O desejo, encontra-se com o mundo? E as pessoas, encontram-se com as pessoas? Se as relações humanas foram reduzidas a relações entre coisas, quanta gente encontra-se com as coisas?

O mundo inteiro tende a transformar-se em uma grande tela de televisão, na qual as coisas se olham mas não se tocam. As mercadorias em oferta invadem e privatizam os espaços públicos.

Os terminais de ônibus e as estações de trens, que até pouco tempo atrás eram espaços de encontro entre pessoas, estão se transformando, agora, em espaços de exibição comercial. O shopping center, o centro comercial, vitrine de todas as vitrines, impõe sua presença esmagadora. As multidões concorrem, em peregrinação, a esse templo maior das missas do consumo. A maioria dos devotos contempla, em êxtase, as coisas que seus bolsos não podem pagar, enquanto a minoria compradora é submetida ao bombardeio da oferta incessante e extenuante. A multidão, que sobe e desce pelas escadas mecânicas, viaja pelo mundo: os manequins vestem como em Milão ou Paris e as máquinas soam como em Chicago; e para ver e ouvir não é preciso pagar passagem. Os turistas vindos das cidades do interior, ou das cidades que ainda não mereceram estas benesses da felicidade moderna, posam para a foto, aos pés das marcas internacionais mais famosas, tal e como antes posavam aos pés da estátua do prócer na praça. Beatriz Solano observou que os habitantes dos bairros suburbanos vão ao center, ao shopping center, como antes iam até o centro. O tradicional passeio do fim-de-semana até o centro da cidade tende a ser substituído pela excursão até esses centros urbanos. De banho tomado, arrumados e penteados, vestidos com suas melhores galas, os visitantes vêm para uma festa à qual não foram convidados, mas podem olhar tudo. Famílias inteiras empreendem a viagem na cápsula espacial que percorre o universo do consumo, onde a estética do mercado desenhou uma paisagem alucinante de modelos, marcas e etiquetas. A cultura do consumo, cultura do efêmero, condena tudo à descartabilidade midiática. Tudo muda no ritmo vertiginoso da moda, colocada à serviço da necessidade de vender. As coisas envelhecem num piscar de olhos, para serem substituídas por outras coisas de vida fugaz. Hoje, quando o único que permanece é a insegurança, as mercadorias, fabricadas para não durar, são tão voláteis quanto o capital que as financia e o trabalho que as gera. O dinheiro voa na velocidade da luz: ontem estava lá, hoje está aqui, amanhã quem sabe onde, e todo trabalhador é um desempregado em potencial. Paradoxalmente, os shoppings centers, reinos da fugacidade, oferecem a mais bem-sucedida ilusão de segurança. Eles resistem fora do tempo, sem idade e sem raiz, sem noite e sem dia e sem memória, e existem fora do espaço, além das turbulências da perigosa realidade do mundo. Os donos do mundo usam o mundo como se fosse descartável: uma mercadoria de vida efêmera, que se esgota assim como se esgotam, pouco depois de nascer, as imagens disparadas pela metralhadora da televisão e as modas e os ídolos que a publicidade lança, sem pausa, no mercado. Mas, para qual outro mundo vamos nos mudar? Estamos todos obrigados a acreditar na historinha de que Deus vendeu o planeta para umas poucas empresas porque, estando de mau humor, decidiu privatizar o universo? A sociedade de consumo é uma armadilha para pegar bobos. Aqueles que comandam o jogo fazem de conta que não sabem disso, mas qualquer um que tenha olhos na cara pode ver que a grande maioria das pessoas consome pouco, pouquinho e nada, necessariamente, para garantir a existência da pouca natureza que nos resta. **A injustiça social não é um erro por corrigir, nem um defeito por superar: é uma necessidade essencial**. Não existe natureza capaz de alimentar um shopping center do tamanho do planeta.

Tradução: Verso Tradutores

Sobre o Dinheiro

Como é da natureza do dinheiro a provisoriedade, olhe em volta de sua memória e veja quantas coisas que já foram preciosas para você que foram descartadas depois de breve sentimento de saciedade.

Banco Central assina parceria com Universidade para transformar dinheiro em adubo

Se dinheiro não dá em árvore, pelo menos para adubo ele serve. Esta é a ideia da parceria que será firmada nos próximos dias entre o Banco Central e a Universidade Federal Rural da Amazônia (Ufra).

Pelo projeto, 11 toneladas de papel-moeda serão transformadas em 17 toneladas de compostos orgânicos por mês. Na mistura do adubo, cerca de 10% do volume são de cédulas retiradas de circulação.

Até pouco tempo, o dinheiro velho era incinerado. Hoje, é picotado e jogado no lixo.

O projeto foi aprovado pela Fundação de Amparo à Pesquisa do Pará no fim de 2008. A produção em escala deverá ser feita em terreno cedido pela Ceasa, com linha de crédito do Banpará.

Autor: Guilherme Barros.

Sobre a Merda

A merda humana guarda um potencial ainda pouco percebido para nós. Vejamos suas potencialidades.

"Merda de Artista. Contém 30 gramas", dizia o rótulo das 90 latinhas nas quais o dadaísta Piero Manzoni embalou o próprio cocô em 1961. Quatro décadas depois, as latas estão expostas em alguns dos mais importantes museus do mundo – da *Tate Modern*, de Londres, ao Centro *Georges Pompidou*, em Paris – e são disputadas nos leilões da *Sothersby's* por lances de até 124 mil euros – R$ 10 mil o grama. Mas não precisa ser de artista para o cocô humano valer dinheiro.

De toda a comida do mundo, 10% são produzidos pelos 200 milhões de camponeses que usam esgoto cru para irrigar e fertilizar suas plantações, principalmente na Ásia, segundo estudo do Instituto Internacional de Gerenciamento de Água (IWMI, na sigla em inglês).

Não fosse pelo esgoto, o preço de vegetais em países pobres aumentaria tremendamente. Cada tonelada de fezes humanas tem até 6 quilos de nitrogênio, 2,5 quilos de fósforo e 4,2 quilos de potássio, e cada 1000 litros de urina, até 70 quilos de nitrogênio, 9 quilos de potássio e 400 gramas de fósforo. "Com essa constituição, fica claro o valor fertilizante dos dejetos humanos tanto para uso em pequena como em grande escala", diz o engenheiro agrícola Antonio Teixeira de Matos, da Universidade Federal de Viçosa.

Claro que nem ele nem ninguém defende que comer um legume cultivado nas fezes de desconhecidos é uma boa ideia. Um grama de cocô é uma bomba de 10 milhões de vírus, 1 milhão de bactérias, 1000 cistos de parasitas e 100 ovos de vermes. É a água contaminada por esses organismos que causa 80% das doenças relacionadas à diarreia, que matam uma criança a cada 15 segundos. Ou seja, comer desses cultivos é quase tão perigoso quanto não comer nada.

O potencial de verdade, então, está no esgoto tratado contra micro-organismos nocivos. "A tecnologia para limpá-lo (como tanques de estabilização de dejetos e outras técnicas de baixo custo) já é bem pesquisada e documentada. A questão é apenas aplicá-la onde for necessário", diz a engenheira ambiental Liqa Raschid, do IWMI.

Os países desenvolvidos já fazem isso, inclusive. Eles processam grande parte dos dejetos, produzindo de um lado água potável e, de outro, o lodo do esgoto – tratado contra bactérias e parasitas. E esse lodo é a base de muitos cultivos. No Reino Unido, por exemplo, 70% do lodo vai para a agricultura, e, nos EUA, só a empresa Synagro fatura US$ 320 milhões coletando lodo de esgoto para vender a fazendeiros do país todo. Só não dá para substituir todo o fertilizante artificial por cocô porque não o produzimos o suficiente.

O tratamento é fundamental para usar esgoto como adubo, mas não é tão necessário se os dejetos forem aplicados em culturas não comestíveis, como fibras, madeira e combustíveis, segundo Matos. "Se a aplicação for feita em doses adequadas, para não contaminar o solo nem as águas subterrâneas, o risco é mínimo. E o aproveitamento deve ser incentivado", conclui. Resultado: o produto interno bruto do seu intestino vai direto para o do país! Você estará contribuindo para o crescimento econômico cada vez que sentar no trono. Mas isso é só o começo.

Outro fim economicamente interessante pode ser dado ao cocô: produzir energia. Afinal, as fezes têm gás combustível de montão. Some a criação de animais domésticos do mundo – 1,34 bilhão de vacas, 1,8 bilhão de cabras e ovelhas, 941 milhões de porcos e 18 bilhões de galinhas. Se você pegar só a metade do que essa bicharada solta em um ano, poderá produzir em gás o equivalente a 2,28 bilhões de barris de petróleo por ano, ou 8% do que o mundo consome. Juntando isso à produção intestinal de 2,28 bilhões de seres humanos…bem, as chances energéticas parecem ilimitadas.

Ainda assim, a produção de gás de origem biológica (o biogás) está engatinhando. É que um biodigestor comum precisa de em média 30 litros de matéria orgânica por dia para se tornar viável, enquanto uma pessoa faz cerca de 250 gramas de cocô e 1 litro de urina nesse período. Não dá grande coisa em biogás. Para manter acesa uma única lâmpada de 100 W, por exemplo, só com a produção diária de 10 pessoas.

Mas com uma forcinha dos animais a coisa funciona. Uma vaca produz 30 quilos de estrume por dia. Juntando isso com a porção humana, já dá para conversar. Tanto que, hoje, 15 milhões de lares na China rural conectam suas privadas a um biodigestor – e, poucas horas depois de terem dado a descarga, podem acender o fogão e cozinhar o almoço. Com 1,6 bilhão de pessoas, o país conseguiu então estampar mais um título autoatribuído de grandeza: o de país que aproveita mais energia do cocô. Num vilarejo-modelo na província de Shaanxi, todo cocô, humano ou animal, é aproveitado para produzir energia. A Índia segue o mesmo caminho, com seus 283 milhões de vacas. Mas é o Nepal o país com mais biodigestores per capita. Com 83% da população no campo e constante falta de combustível, 4% dos nepaleses usam o biodigestor a cocô de vaca. O Brasil vai devagar, mas São Paulo e Mato Grosso já têm fazendas com biodigestores de fezes de porcos.

Esse tipo de iniciativa pode fazer toda a diferença para o bolso dos criadores de animais. E para o seu. Por exemplo, se todas as criações de frango aproveitassem a quantidade mastodôntica de titica que produzem, a carne poderia ficar 4% mais barata no supermercado, segundo um estudo de Júlio Cesar Palhares, pesquisador da Embrapa. Isso corresponde ao custo do aquecimento elétrico, uma necessidade dos criadouros. E a energia da titica, sozinha, daria conta de eliminá-lo.

Mas nem sempre é necessário cria animais para que os biodigestores sejam viáveis. Em lugares de população grande e concentrada o sistema pode vingar. Foi o que aconteceu nas prisões de Ruanda. O genocídio de 1994 influou a população carcerária do país, bombando tanto os gastos com lenha para cozinha quanto a produção de fezes que acabava nos rios. O cocô dos presos tinha virado um problema nacional! A solução? Cozinhar a comida deles com biogás feito de suas próprias fezes. Pronto. Desde então, esse combustível humano permite uma economia de 60% nos gastos com lenha – gastos que chegariam a US$ 1 milhão por ano.

Os europeus também já podem entrar no banheiro e sair com a consciência ambiental mais limpa. A Alemanha transforma 60% de suas fezes em energia, e a Inglaterra deve fechar 2010 passando a marca de 75%. Na Suécia já há carros funcionando, indiretamente, à base de cocô. A cidade de Linköping transforma todo o esgoto de seus habitantes (e mais o cocô de porcos e bois) no biogás usado nos 64 ônibus do lugar e no primeiro trem movido a cocô do mundo, que tem autonomia para percorrer 600 quilômetros. Enquanto isso,

12 postos abastecem os carros locais, economizando 5,5 milhões de litros de gasolina. Com isso, 9 toneladas de CO_2 deixam de ser lançadas no ar por ano. Mesmo assim, ainda existe um pré-sal de cocô a ser explorado. Simplesmente porque quase todo ano ele é desperdiçado por falta de saneamento básico. No mundo, 2,5 bilhões de pessoas não contam com esse luxo. Não é que não tenham acesso ao esgoto. Eles não possuem sequer uma fossa: vão para campos abertos de defecação, linhas de trem, florestas... E em algumas favelas, partem para o toalete-helicóptero: fazem num saquinho e jogam no telhado do vizinho. Inspirador, não? Bom, para o empresário sueco Andrés Wihelmson foi. Primeiro ele viu saquinhos de cocô voando em favelas do Quênia. Depois, constatou que esses lugares tinham bastante espaço livre que poderia ser usado para plantar. Aí ele juntou as duas coisas numa ideia só: fazer saquinhos-privada biodegradáveis e com produtos químicos que matam os germes do cocô. Depois de se aliviar, você enterra a caca e ela vira adubo. Andrés já testou a coisa na África e deve começar a produção neste ano. A intenção não é fazer caridade, mas vender os saquinhos pelo equivalente a R$ 0,05. Com lucro. Pois é: com cocô não se brinca[17].

Efetivamente, nosso organismo é um vasto território simbiôntico. Mais de 40% de todo nosso peso é constituído de colônias de bactérias, parasitas e outros organismos. Só da boca, se extirpássemos todas as bactérias, morreríamos em poucas horas. Necessitamos desses parceiros para nossa sobrevivência.

Ao ver televisão, temos a impressão de vivermos acuados sob um risco total, cercados por todos os lados de micróbios sedentos de seres humanos, sedentos de seres humanos escudados contra a infecção e a morte graças unicamente a uma tecnologia química que nos permite continuar a matá-los antes que nos invadam. Somos convencidos a pulverizar desinfetantes por toda parte. (...) Aplicamos antibióticos potentes em arranhões leves e os vedamos com tirinhas de plástico. O plástico é o novo

---

[17] Revista Superinteressante. Edição 278. Maio/2010, p. 80-83.

protetor; embrulhamos os copos já de plásticos dos hotéis, em mais plástico e selamos os assentos dos sanitários como se fossem segredo de estado, depois de esparzi-los com luz ultravioleta. Vivemos num mundo em que os micróbios estão tentando sempre nos atingir, despedaçar-nos célula por célula, e só continuamos vivos às custas da diligência e do medo.

Esse artigo ainda é tímido sobre a utilização desse resíduo, pois restringe aos poderes públicos a determinação política dessa mudança. Contudo, quando buscamos artifícios que nos levem à autonomia, ou seja, a um modo de vida que prescinda dos organismos de poder, a solução possível que passa pela utilização da merda como alternativa é fundamental.

CONTINUAMOS NOS CAMINHOS DA PERMACULTURA

Continuávamos trabalhando na Favela Vera Cruz e passamos a ler sobre construções de terra.

Certo dia, fizemos testes e experimentos com tijolos de adobe, no que fomos ajudados por um morador que sabia a composição entre a terra argilosa e a arenosa.

No começo, não fazíamos a menor ideia do que fazer com os tijolos. Mas como sempre acontece com a permacultura, no caminho apareceram algumas mulheres da comunidade que, vendo o resultado secando ao sol, nos perguntaram se afinal construiríamos a creche, pois há muito demandavam esse equipamento social.

Dessa forma, soubemos pra que serviam aqueles tijolos.

Restava-nos saber como construir casas e para tanto fomos até o Ipec, em Goiás, para um curso intensivo de bioconstrução, ou seja, construção de casas feitas à base de terra e que são estruturais, ou seja, não precisam de vigas ou colunas, pois funcionam como casas de cupins, a própria casa é a estrutura, além de se comportarem como elementos vivos, integrados totalmente ao meio.

Ao contrário de nossa experiência no Ipema, precisávamos não somente ler sobre bioconstruções, mas principalmente executar, colocar em prática, antes de construirmos qualquer coisa que colocasse em risco a vida das pessoas.

O Ipec, Instituto de Permacultura do Cerrado é um campo assustador de aprendizagem. Desde alimentação até habitações, desde saneamentos alternativos até coleta de água de chuva, desde interações dinâmicas com as pessoas tanto como com a natureza, o ambiente á vasto e generoso para todos aqueles que querem caminhar nesse trecho ainda pouco conhecido da permacultura.

Uma vez mais nos cotizamos para empreender uma viagem longa e dispendiosa sob muitos aspectos.

UMA ESTADIA NO INSTITUTO DE PERMACULTURA DO CERRADO – IPEC

Era julho de 2007 quando viajamos até Pirinópolis, em Goiás, para um curso de bioconstrução, no Ecocentro do Ipec.

Local de reuniões no Ipec, em que se discutem todos os assuntos pertinentes sobre o dia de trabalho ou sobre os problemas e soluções.

A seguir, construção de casa feita de adobe. Sequência de fotos.

Casa de adobe:
- Rapidez no preparo dos tijolos
- Em locais em que o sol é frequente sua produção é mais rápida garantindo qualidade e durabilidade
- O conforto térmico é muito agradável
- Baixo custo, pois o principal material para construí-lo pode ser obtido no próprio local da construção
- Os tijolos podem ser usados em vár os tipos de construção

Construções e estruturas de COB

O cob é uma técnica antiga, de origem inglesa, criada muito provavelmente por volta do século XIII. A construção com cob assemelha-se à produção de uma escultura: há total liberdade para inventar formas artísticas e utilidades para a habitação, como armários, fornos e bancos embutidos na própria parede.

As vantagens da construção com cob são:
- Baixo custo
- Materiais utilizados são de fácil obtenção
- Oferece ótimo conforto térmico
- Ótima qualidade do ar interno, pois as paredes de barro filtram o ar que entra na construção
- Tem uma ótima resistência e um belo visual, não precisando de reboco
- A mistura feita não precisa de formas podendo ser aplicada diretamente na construção.
- É uma mistura feita basicamente de barro e de palha de arroz que se constitui na própria estrutura da casa

    A criatividade potencial dessa forma de construção é realmente ilimitada. Por exemplo, do fogão a lenha, canos podem conduzir a água quente para vários cômodos, com registros que se abrem e se fecham, tornando cada ambiente climatizado.

A seguir, a casa dos fundadores do Ipec, feita pela técnica do COB. O *design* é um dos elementos chave da permacultura. É sempre possível fazer de modo barato e bonito.

O superadobe

A construção é simples, bastando que a terra local, umedecida, seja colocada em sacos de polipropileno e então socada (com o auxilio de um socador) em fiadas com até 20 cm de altura. Fiada após fiada, bem compactadas, a parede vai subindo. Quando a parede de superadobe chegar à altura desejada, basta retirar o saco de polipropileno das laterais e rebocá-la.

Simples e eficiente, o superadobe é uma das mais populares técnicas de construção. Criada pelo iraniano Nader Khalili na década de 80, o superadobe logo obteve grande sucesso devido à baixa complexidade e requisitos simples: sacos de polipropileno e terra local.

Captação e armazenamento de água de chuva, construindo uma cisterna de ferrocimento.

A técnica de ferrocimento é muito utilizada no Ecocentro IPEC. Podendo ser aplicada em diversas funções, como cisternas para a captação e armazenamento de água da chuva, tanques para aquicultura, laguinhos e até piscinas. Em regiões com longas épocas de seca, como por exemplo o cerrado brasileiro, esta tecnologia passa a ser uma estratégia vital, pois pode ser utilizada para captar e armazenar a água nos períodos de chuva e garantir o fornecimento no período de estiagem.

Para fazer os reservatórios de ferrocimento, são necessários apenas tela de vergalhão, tela de viveiro e cimento, a espessura da parede do tanque não ultrapassa 3 cm. O Ecocentro IPEC possui tanques com até 120 mil litros, porém o ferrocimento já foi utilizado com sucesso na construção de tanques de até 500 mil litros.

Casas de bambu é outra técnica que aprendemos no Ipec:

    Além dessas técnicas, aprendemos muitas outras técnicas de construção e de banheiros secos, de teto de calficite, de taipa de mão e de taipa de pilão, da utilização da palha para construção, tendo percebido todo o potencial da permacultura para a mudança do padrão da relação entre as pessoas.

6

Tempo de Conexão

FACULDADE DE ITAPECERICA DA SERRA
CONSTRUÇÃO DE AQUECEDORES SOLARES DE BAIXO CUSTO E GÔNDOLAS PARA HORTAS DOMÉSTICAS VERTICAIS

Em 2007 e 2008, trabalhei como professor no curso de pedagogia de uma faculdade em Itapecerica da Serra. Propus, na disciplina de Educação Ambiental, a realização de técnicas de construção de hortas caseiras com ênfase no espaço restrito das habitações e a construção de aquecedores de baixo custo.

Os estudantes abraçaram a causa, que cobria um buraco sempre solicitado pelos discursos educacionais para a concretização de relações entre a escola e a comunidade, e levaram com rigor o desafio que, afinal, beneficiava também a eles, moradores de uma das cidades com maior área verde da Grande São Paulo.

As fotos a seguir referem-se à tarefa de adequar as garrafas pet ao modelo de gôndolas para o plantio de alfaces e tubérculos em casa. Em seus trabalhos, fariam o mesmo com seus pequenos estudantes, colorindo as garrafas e dando a cada um a tarefa de cuidar de sua plantinha.

As fotos seguintes são sobre o aquecedor solar feito com garrafas PET, caixas *Tetra Pak* de leite e canos de PVC:

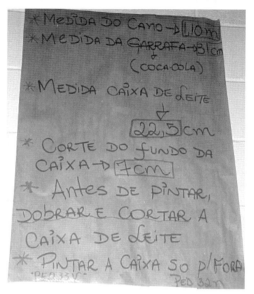

E a seguinte é sobre o aquecedor feito com placas de PVC:

7 TEMPO DAS TROCAS

A PERMACULTURA E AS TECNOLOGIAS DE CONVIVÊNCIA

Se não está satisfeito, faça você mesmo.
Lema do movimento punk inglês, anos 70

O conceito de Permacultura foi cunhado por dois australianos, Bill Mollison e David Holmgren, que nos anos 70 sugeriram "um sistema evolutivo integrado de espécies vegetais e animais perenes úteis ao homem". Esta Cultura Permanente era baseada em "um sistema de planejamento para a criação de ambientes humanos sustentáveis".

Acrescenta Sergio Pamplona que a Permacultura

> oferece as ferramentas para o planejamento, a implantação e a manutenção de ecossistemas cultivados no campo e nas cidades, de modo a que eles tenham a diversidade, a estabilidade e a resis-

tência dos ecossistemas naturais. Alimento saudável, habitação e energia devem ser providos de forma sustentável para criar culturas permanentes[18].

Para tanto, a Permacultura deve ser amparada por uma ética que se pauta em novos valores de relacionamento, seja entre os homens e deles com a natureza, estabelecendo aquilo que Prigogine chamou de novo monismo. Segundo Mollison,

> A ética da Permacultura serve bem para iluminar nossos esforços diários de trabalho com a natureza a partir de observações prolongadas e cuidadosas, com base nos saberes tradicionais e na ciência moderna, substituindo ações impensadas e imaturas por planejamento consciente[19].

Se considerarmos que essa relação entre os saberes e o conhecimento pode e deve influir na sustentabilidade do modo de vida, então estamos pensando basicamente em armazenamento de energia.

As técnicas daí advindas devem conciliar sinergias entre homens e natureza e, principalmente, entre homens e homens, em que tais tecnologias deveriam ser adequadamente denominadas de *tecnologias de convivência*.

A permacultura cuida da pesquisa, produção e desenvolvimento de técnicas diversas utilizando, sempre que possível, os materiais disponíveis nos próprios ambientes realizadores. Tal princípio está diretamente entranhado nas questões de autogestão, que é a comunidade cuidando diretamente de seus próprios interesses e necessidades, garantindo que seja a produção, seja a distribuição e mesmo o domínio da tecnologia necessária à produção de benefícios, esta será sempre coletva, na compreensão de que tais ações contemplem toda a comunidade e aponte novas soluções, na medida em que os problemas apareçam.

---

[18] http://www.permear.org.br/2006/07/14/o-que-e-permacultura/
[19] Idem, ibdem.

Por outro lado, a busca da sustentabilidade, por meio de sistemas e técnicas compatíveis com o meio ambiente, torna-se cada vez mais um desafio aos estudiosos e aos sujeitos deste tempo. Neste sentido, um protótipo de habitação popular, um biodigestor, modelos de coleta de água de chuva para utilização em descargas e outros fins, limpeza de águas cinzas de pias e banhos, modelos de esgotos ecológicos, placas solares de baixo custo são soluções mais que adequadas à crise que a exclusão aparentemente irreversível destinou aos denominados excluídos.

Os inúmeros problemas inerentes à exclusão potencial de um contingente populacional crescente deve ser o ponto de convergência para a implementação de tais técnicas.

> Na antiguidade, os primeiros arquitetos amassavam a terra com os pés, para preparar os tijolos. Arquitetos descalços pisando a terra, uma imagem distante de nossa realidade que se afasta cada vez mais da natureza.

Assim, tem início o *Manual do Arquiteto Descalço*[20], livro que congrega diversas técnicas de construtividade de baixo custo e de tecnologia livre, base para um projeto de unidades autônomas de sobrevivência, que atenda às dimensões econômicas, sociais, culturais e ecológicas de sustentabilidade, em que a água pudesse ser captada diretamente das chuvas, a energia, de variadas e já disponíveis técnicas como coletores fotovoltaicos e placas solares de custo zero, o esgoto ecológico, biodigestores para a produção de gás de cozinha, de técnicas de alta produtividade em ambientes limitados para a produção de alimentos, como hortas e pomares.

Exemplos em funcionamento dessas técnicas podem ser observados em Ubatuba, no Instituto de Permacultura ou na comunidade dos Emaús, em Caraguatatuba, ou na ecovila Clareando, em Piracaia, ou mesmo na comunidade de Carangola,

---

[20] LENGEN, Johan van. **Manual do Arquiteto Descalço**. Porto Alegre, Livraria do arquiteto, 2004, introdução.

em Petrópolis, em que a autonomia e a adequada utilização dos recursos disponíveis no ambiente erradicaram a fome, as doenças oriundas da falta de saneamento e até mesmo a violência e o consumo de drogas com as inúmeras possibilidades de ocupação no interior da própria comunidade.

Portanto, pensar numa edificação autossustentada, ofertando tecnologia para a própria comunidade não significa somente consumo de recursos, mas geração, levando a um resultado positivo.

Poderíamos pensar na produção de hortas hidropônicas, organizadas de modo a receber as águas coletadas pelos sistemas de contenção de águas de chuva, gerando fontes de alimentos limpas e perenes.

Enfim, a divulgação de tais tecnologas em ambientes favoráveis, pode ter a capacidade de mobilizar a comunidade num movimento de autogestão, recuperando as solidariedades grupais, dando sentido à vida do grupo, gerando ações propositivas e articulando autoestima com projetos políticos viáveis.

Meu trabalho com Permacultura teve início no primeiro semestre de 2004 quando estudantes da PUC/SP resolveram formar um grupo de estudos inspirados em minhas aulas, em que a metodologia dialógica dava a tônica de um trabalho de conexões funcionais entre saberes, conhecimentos e técnicas.

Nesse primeiro momento, o grupo de estudos trabalhou no sentido de identificar tecnologias que levavam para a autonomia (biodigestores, esgotos ecológicos, habitações construídas em solocimento, aquecedores para chuveiro, etc.), além de experiências concretas cujo resultado pudesse ser auferido (as várias comunidades expostas anteriormente).

Assim, como se percebe, a pesquisa ocorre em duas fases bastante distintas: a primeira como grupo de estudos, cujo lócus foi o ambiente acadêmico e as visitas a lugares em que tais tecnologias já estivessem sendo utilizadas.

O segundo momento aconteceu numa comunidade da zona sul em que tais tecnologias puderam servir adequadamente para produzir o diálogo entre sujeitos de ação. Nessa fase, já nos instalamos como um grupo de trabalho e aplicação das técnicas apreendidas.

No entanto, devemos destacar que tais tecnologias são pretextos para o encontro entre sujeitos de distintas experiências e é esse encontro, desprovido das hierarquias que normalmente os inviabilizam que é potencialmente transformador, seja para os próprios sujeitos envolvidos, seja para aquilo que possa daí resultar, impossível prever de antemão.

O trabalho na Favela do Jardim Vera Cruz, extremo da zona sul de São Paulo, teve início no segundo semestre de 2004. Nossa aproximação da comunidade foi cautelosa e respondia a toda uma metodologia intencionalmente preparada e que deve ser relatada como parte do processo.

De início passamos a frequentar, aos sábados e domingos, alternadamente, eventos de música e dança, geralmente forrós, em que a tônica era a diversão e algo que havia, como soubemos depois, gerado a própria associação. É que a música veio pôr fim ao confronto de grupos rivais que toda semana produzia mortos. Quando passaram a relacionar-se pela música, entenderam, sem nenhum discurso, que seus interesses não eram, afinal, tão diferentes assim e as execuções, como que por mágica, cessaram.

Para os almoços, a que também aderimos, convergiam pessoas que desempenhavam importantes funções, seja na coleta dos alimentos, seja no preparo ou no consumo. As conversas, sempre informais, nos aproximavam cada vez mais dos problemas, das vicissitudes, dos dramas e das alegrias que a convivência limpa e sem pesares acaba produzindo.

E foi justamente nesse percurso que identificamos a necessidade e o equipamento que daria àquela convivência uma nova instancia dialógica.

Uma vez identificada a necessidade, passamos a pesquisar técnicas de intervenção que só então descobrimos como sendo a permacultura. A relação mudava nossa própria perspectiva, nos mudava em direção ao "outro" que, afinal, não era tão diferente de nós assim.

Munidos de um saber/conhecimento, decidimos que seria como saber[21] que a técnica deveria ser efetivada, parte integrante e necessária à relação que encetávamos. A construção de um esgoto ecológico foi entendida como base para a implantação de uma unidade autônoma de sobrevivência (casa feita com técnicas da permacultura – taipa, bambu, solocimento, adobe, etc – coleta e distribuição de água de chuva, captação de energia limpa – energia solar com variadas técnicas, plantio de hortas – inclusive verticais – frutas, etc.).

A técnica do esgoto ecológico foi resgatada de um padre francês do século XIX e consiste num princípio simples e surpreendente.

O princípio é importante. Entre 40 cm e 60 cm de profundidade do solo existe um milhão de bactérias por centímetro cúbico de terra. A atividade bacteriana é de fundamental importância para o eficaz funcionamento do esgoto.

Deve-se dispor de um galão de duzentos litros ou mais, desses utilizados para o armazenamento de azeitona, esses galões azuis de plástico duro. Cava-se um buraco no chão para abrigá-lo, sendo que o galão deve ser separado internamente por esses sacos de cebola, feitos de fibras que deixam passar o líquido mas retém o sólido. Tal divisória deve deter-se a um palmo do fundo do galão, o que pode ser conseguido colocando-se algumas pedras no fundo do saco e prendendo-o com um ferro na borda do mesmo galão.

De um lado, entram os efluentes oriundos do vaso sanitário. Importante acrescentar que apenas o resultado do vaso sanitário deve ir para o esgoto, sem produtos químicos. Águas cinzas, como as da pia do banheiro e da cozinha podem ser reaproveita-

---

21   A "saber" denominamos todo um conjunto de memórias e práticas oriundas das experiências de cada um. Por sua forma de aquisição, o saber não acumula poder. "Conhecimento", portanto, seria aquele conjunto de informações adquiridas em instituições tais como a escola; impregnado do poder advindo do discurso competente.

das com outra técnica. A entrada se dá pelo alto do galão, sendo que o jato deve ser barrado pelo saco de cebola. De outro lado, um pouco mais abaixo do cano de entrada, fica o cano de vazão, igualmente no alto do galão.

O cano de vazão é complementado, do lado de fora do galão, por um chumaço de bambu. Tal chumaço deve conter algo em torno de dez bambus amarrados com fitas plásticas e envoltos por plástico preto, totalmente embalados, sendo que apenas do lado inferior devem ser feitos furos no plástico para dar vazão ao líquido que escorre por entre os bambus. Daí que o chumaço de bambu deve sempre estar inclinado de dois a cinco centímetros numa vala cavada entre 40cm e 60cm.

O comprimento dos bambus deve respeitar o número de usuários do vaso. Um metro para cada usuário. Portanto, para dez usuários, dez metros do chumaço de bambu. Todo o sistema deve ser coberto com terra, ficando, portanto, completamente enterrado. Sistema igual já testado em outras experiências e aberto depois de 15 anos de atividade, demonstrou que existia apenas um centímetro de sólido no fundo do galão, daí que tal sistema não necessita ser limpo jamais.

Ao lado da vala de bambus devem ser plantadas frutas cítricas, tais como laranja ou tangerina, a cada metro, pelo menos e de ambos os lados. No final da vala devem ser plantadas bananeiras, numa meia lua. Tal procedimento serve para reter os líquidos que por ventura extravazarem da atividade bacteriana.

Depois de feito o esgoto ecológico aqui descrito, mais ao fundo na comunidade em que trabalhamos, aconteceu uma ocupação às margens da represa de Guarapiranga em meados de 2006.

Fomos, então, até lá com o propósito de expandir nossas conexões. A emergência ali era de tal natureza que a imediata construção do esgoto estabeleceu a empatia necessária, já que a ocupação estava ameaçada justamente devido à repercussão danosa que tal ocupação faria na represa.

As fotos abaixo demonstram a realização do trabalho. Acreditávamos que com tal dispositivo a comunidade teria argumentos para convencer as autoridades da possibilidade de ocupação sem danos ao meio ambiente. No entanto, uma semana depois, um grupo não identificado destruiu todos os barracos e expulsou todos do terreno, que pelo que se sabia, era público.

Nessa sequência, as fotos apresentam três etapas do trabalho. A 1ª demonstra a abertura da vala, enquanto a 2ª apresenta a divisória interna do galão, que separa os efluentes sólidos do líquido; e a 3ª, o momento em que se enrolam os bambus.

Mas o trabalho continua em outras comunidades e não há dúvidas de que ele transforma todos os atores envolvidos, pois relações não hierárquicas constituem o modo verdadeiramente transformador em que a liberdade de escolher um outro mundo se apresenta em sua plenitude. Esse é um bom começo para deixarmos de ser cúmplices desse sistema reprodutor de injustiças.

Como epítome, o texto de Dan Baron:

> Minhas mãos descansam no teclado. Elas estão bronzeadas e calejadas por estarem há seis semanas, o dia todo, cortando azulejos sob o sol de inverno. Cicatrizes de cortes inflamados e infeccionados – onde o cimento penetrou nos dedos e corroeu nossa pele, enquanto o passávamos nos cacos e os colávamos – gravam o processo de descobrir como se constrói um mosaico. Minha mão direita arde e agora está maior do que a minha mão esquerda, inchada e mais forte por pressionar a torquês para aqueles a quem faltava força

para cortar a cerâmica. Ela se abre e se fecha durante o meu sono, lembrando e se recuperando. Eu tentei, mas não consegui cortar com a minha mão esquerda.
(...) Todos os jovens batalharam com as torqueses. Apesar do prazer de trabalhar juntos, as dificuldades no cortar começavam a ser uma ameaça ao processo criativo. Numa manhã, no entanto, eu me vi fotografando uma das participantes enquanto ela descobria que, colocando metade da torquês além da borda do caco de azulejo, a força necessária para segurar e cortar se reduzia drasticamente. Agora todos nós estamos cortando. Em pequenos grupos. De modos diferentes, mas com cuidado. E com maior precisão.[22]

Assim, tecendo juntos, num caminho randômico, com o desejo de construir um mosaico – nada mais erradio – diante da dificuldade e do problema, com os princípios da emergência e a cautela de observar com olhos novos, participar do mundo como mais um na busca da realização conjunta, a solução pode vir de qualquer um dos participantes, sem detentores do conhecimento, sem o poder e a arrogância daqueles que sabem para onde ir e se arrogam o direito de conduzir os rebanhos para os caminhos da salvação.

Vale ressaltar que o que determina os resultados são sempre os métodos. E aqui, método significa "caminho", o trajeto que se deve percorrer. Geralmente, o método que estamos acostumados a utilizar, deve tributo à nossa experiência iluminista, base da cultura ocidental hegemônica. Nesse caso, sabemos o fim que desejamos e há uma prescrição para os passos que devemos seguir. É como uma receita, sendo que aquele que detém o conhecimento guia os demais em direção ao fim proposto.

Tal procedimento impõe-se para além de suas intenções. Explico-me: se a intenção é a transformação da realidade, seja subvertendo a ordem estabelecida, seja revolucionando a forma com que lidamos com uma situação, o método iluminista, que provém de algum guia, de algum conhecimento como forma de

---

[22] BARON, Dan. **Alfabetização Cultural**. São Paulo, Alfarrábio, 2004, p. 35 e 44.

poder, impõe-se sobre os resultados e só pode produzir a mesmidade, ou seja, só pode produzir relações de poder, hierarquizadas previamente pelo conhecimento privativo que induziu a ação.

De outro modo, se o caminho para o enfrentamento de uma ação não está previamente traçado, se cada conexão estabelecida nos leva a outros problemas e, portanto, a outras soluções, se não há manuais condutores das ações, mas apenas relações que se estabelecem num processo sempre renovável, sempre novo; se abandonamos voluntariamente a previsibilidade pela incerteza volátil de relações entre sujeitos em movimento, então a mudança já ocorreu no próprio fazer, independente dos resultados.

A permacultura pode ser tanto conhecimento quanto saber. Depende exclusivamente do método com que será tramada. Se for uma solução previamente encontrada por agentes exteriores dos ambientes em que é potencialmente necessária, será poder e somente produzirá relações de assistencialismo e de poder. Se, pelo contrário, for pretexto para o encontro, se antes houver convivência, empatia com o ambiente e com as pessoas envolvidas e se aparecer como uma das muitas possibilidades de enfrentamento dos problemas comuns entre os sujeitos respeitadores das alteridades, aí podemos estar diante de algo profundamente novo e surpreendente.

Só podemos mudar alguma coisa se alguma coisa mudar em nós mesmos.

8 TEMPO DE AÇÃO

ENSAIOS PARA UM INSTITUTO DE PERMACULTURA NO MÉDIO SOLIMÕES

Em 2009, fui convidado a ministrar aulas na Universidade do Estado do Amazonas em Tefé. Ali, enfrentei os problemas que acometem todas ou quase todas as cidades brasileiras e propus uma ação a longo prazo a partir de um problema exemplar. A seguir, apresento esse caso que vale para outros lugares, assim como exemplifica a metodologia da permacultura como eu a entendo.

TECNOLOGIAS DE CONVIVÊNCIA E AUTONOMIA NA AMAZÔNIA PROFUNDA

Vivemos num tempo de isolamentos. A cultura do isolamento propaga a ideia de que os problemas são individuais, assim como as conquistas.

Nos grandes centros, esta filosofia já mostrou seus limites, mas, mesmo assim, expande suas fronteiras para outras regiões.

Tefé, no coração do Amazonas, ainda convive com formas de sociabilidade colaborativas, tais como o Ajuri, mas já é notável a cultura do isolamento. O lixo se acumula nas beiradas, os sistemas de saúde operam isoladamente, assim como os sistemas de abastecimento de água e energia.

As pessoas acabam por incorporar esse isolamento, cujos reflexos são aumento de violência urbana, degradação do ambiente, perda da sociabilidade, desencanto.

Se os elos que unem as pessoas são espaços degradáveis, então as pessoas acabam também por degradarem-se. Quando os elos são humanizáveis, elos virtuosos entre pessoas que buscam soluções para seus problemas, então a tendência é que a mediação do espaço apresente os sinais dessa humanização.

Problemas da cidade de Tefé na época das cheias:

Problemas de Tefé na época da seca:

Muitos, talvez, se perguntem: O que me importa que o outro vive assim? Quem manda não estudar, não trabalhar? Ser incompetente?

Já deveríamos saber que o capitalismo é baseado numa sociedade injusta e todo o discurso da educação como emancipador não é mais que discurso, afinal, como, de uma desigualdade básica empregada na escola, pode-se chegar a uma igualdade geral?

Assim, esses problemas dizem respeito a todos nós, habitantes da comunidade mundo.

Estes cenários, estas fotos, incomodam? Mas não se espantem, esse é o problema da grande maioria das cidades brasileiras. Se não percebemos, é porque esses bairros, normalmente, estão afastados, ocultos sob uma fachada de normalidade, espremidos entre pontes e viadutos, em morros encobertos por nossa eficaz ignorância e cegueira.

Estas fotos deixam entrever problemas sanitários, urbanos, sociais, familiares, educacionais, políticos, econômicos, individuais, coletivos, ecológicos, problemas relacionais, dentre outros. Tais problemas não podem ser resolvidos por um único órgão público. É necessário o envolvimento de vários setores da sociedade para esse enfrentamento com uma mínima condição de sucesso.

Nestes sintomas de dramas aqui entrevistos há vestígios de experiências, de educação, de fracassos e de saberes que ocultam no público os problemas privados. Mas também o inverso é válido.

O Instituto de Permacultura do Médio Solimões poderá nascer com o objetivo claro de enfrentar a cultura do isolamento. Para isso, busca integrar os sistemas sociais, econômicos, ecológicos, culturais e políticos em ações de engenharia educacional consistente com os diversos níveis de ensino (educação básica, graduação e pós-graduação), inclusive com as experiências educacionais informais e com a tradição ribeirinha que marca a região.

Diante dos problemas detectados acima, eu e um grupo de pessoas resolvemos enfrentar a situação. Para tanto, elegemos o saneamento como uma prioridade, já que quase todas as casas utilizam a fossa negra como opção e em quase todas as casas existem poços de onde se utilizam da água para beber.

Todavia, por experiência própria, sabíamos que as pessoas não dão grande importância para o saneamento, sempre submersos nas escuras regiões dos quintais, então resolvemos criar um foco de interesse.

Como em Tefé só existe um produtor de tijolo, feito com queima de mata nativa e acossado recentemente pelo IBAMA, forçado a utilizar ouriço de castanha como produto de queima, o que afeta profundamente a qualidade do fogo e, portanto, do tijolo, cuja produção monopolizada e as dificuldades em importar tijolos oneram sobremaneira o preço, nos propusemos a produzir tijolos ecológicos juntamente com as comunidades, agregando com isso os esgotos ecológicos na proposta.

Para tanto, soubemos que o exército possuía uma dessas máquinas encostadas, devido a nunca terem conseguido produzir o tal tijolo por desconhecimento das misturas necessárias à preparação da terra.

Descobrimos, sempre com pesquisas, o que o exército não conseguira, lendo as apostilas do arquiteto Eduardo Salmar Nogueira e Taveira sobre o solocimento:

"Quando se pensa hoje no uso da terra como alternativa, é preciso considerar a possibilidade de adotá-la como forma de evolução tecnológica, como algo novo, moderno e prático, que se constitua em uma verdadeira tecnologia para o futuro".

Adicionando uma pequena quantidade de cimento ou cal às qualidades plásticas da terra. Utilizada desde a antiguidade até nossos dias, obtém se um material surpreendente, tradicional e popular: O solo cimento ou solo cal.

Este material, com eficiência comprovada há décadas em vários continentes, é empregado na construção de conjuntos habitacionais, edifícios, muros de contenção, escolas, na pavimentação de vias e estradas... O solo cimento é uma mistura de 10 a 20 partes de terra para uma de cimento, esta mesma mistura pode ser feita com cal virgem. Utilizando basicamente os recursos materiais locais, dispensando o uso de equipamentos sofisticados e o consumo de energia, harmoniza se com as características ambientais e culturais das regiões brasileiras, este material é uma solução simples, pratica e avançada que permite um considerável barateamento da construção.

Os métodos construtivos com solo cimento exigem mão de obra pouco especializada. Podendo ser adotados sistemas familiares e comunitários, no esquema de mutirão.

<u>Um pouco de história</u>

Quem não acredita na eficiência e durabilidade da terra, basta dar uma olhada em construções históricas que resistem aos séculos e séculos. Os antigos souberam usar muito bem esta matéria prima. Exemplo disto é a grande muralha da China feita em terra no ano 3000. AC, a cidade bíblica de Jericó erguida há 10.000 anos, nossas igrejas colônias construídas há 500 anos, a cidade de Paraty, Ouro Preto, Diamantina, todas estas construções empregaram terra crua.

Se a história prova que a terra é firme como rocha, quando usada tecnicamente de maneira correta, imagine, se ocorrer a adição de outras matérias primas para lhe dar maior durabilidade e outros efeitos benéficos. O solo cimento (mistura da terra e cimento), produz aumento considerável na resistência mecânica das construções com terra, teve seu excelente desempenho comprovado pelas investigações do engenheiro Elbert Hubbel, de Dakota, Estados Unidos, em 1941, quando foi convidado pela Boreau of Standards para estudar a analisar as propriedades estruturais e térmicas de uma série de materiais para construção. O aumento de pesquisa e publicações sobre o solo cimento, começava a conquistar várias entidades, órgãos públicos e profissionais ligado ao setor. No Brasil, alguns trabalhos eram desenvolvidos pela Associação Brasileira de Cimento Portaland, que após realizar estudos sobre dosagem e aplicações, construiu seis residências em Petrópolis em 1941, e um hospital em Manaus em 1950 com uma área de 10.800 metros quadrados com capacidade para 432 leitos.

Como escolher a terra

Misturar terra, água e um pouco de cimento ou cal, nas proporção de dez ou vinte de terra (dependendo do caso) para uma parte de cimento, teremos um excelente material construtivo que podemos construir no próprio local da obra, utilizando material do mesmo local.

Não é qualquer tipo de terra que pode ser usado para solo cimento. Ela precisa ter características básicas:

- Devendo ser facilmente desagregável e conter minerais diversos sob a forma de areia;
- Solo com matéria orgânica não serve para a fabricação do solo cimento;
- Os solos mais indicados são os arenosos;
- Ter teor de areia – 45 a 85%;
- Teor de silte e argila – 20 a 55%;
- Teor de argila menor que 20%.

A aparência da terra empregada na confecção do solo cimento é muito parecida com aquela usada em argamassa de alvenaria e reboco. Não pode ter muito barro mas também não pode ter muita areia. Toda terra deve ser peneirada em malha 4,8 milímetros.

Ensaios que avaliam qualidade
Ensaio do Bolo

Um método caseiro é o ensaio do bolo, que consiste em colocar na palma da mão uma porção de terra bastante úmida, formando uma bola que deve ser golpeada até que aflore uma película de água na superfície da amostra, dando aspecto liso e brilhante. O passo seguinte é pressionar o bolo com os dedos. Resultado: quando o solo tem boa qualidade para mistura, bastam de 5 a 10 golpes para que a água aflore, sendo que ao pressionar a bola, a água desaparece. Se a água não aflorar após 20 a 30 golpes, o solo não serve para solo fazer solo cimento.

Ensaio de resistência seca

Outro meio de avaliar a qualidade da terra é o ensaio de resistência seca, Exige a feitura de três pastilhas de terra bem úmidas, com diâmetro de 2 a 3 centímetros e espessura de 1 centímetro. Depois de ficar secando ao sol durante dois ou três dias, deve tentar esmagar com os dedos polegar e indicador. Resultado: Se as pastilhas forem dissolvidas sem esforço, ficando na forma de pó, então a terra testada é aprovada. No entanto se elas partirem e não virarem pó, ou mesmo exigirem muito esforço para rompê-las, então ficará comprovada a inadequação do solo.

Ensaio do cordão

Pega-se uma porção de terra seca, juntando água para rolar cordões até que eles comecem a quebrar em um diâmetro de 3 milímetros. Passo seguinte é formar uma bola com os cordões quebrados, não adicionando mais água. Em seguida, a bola deverá ser esmagada pela ação dos dedos polegar e indicador. Resultado: Se a terra for adequada, irá aparecer fendas na bola com pouco esforço dos dedos e será difícil também fazer nova bola com a mesma amostra sem que ela apresente fissuras. Agora se for preciso muito esforço para romper a bola e nem permitir a moldagem de novos cordões de 3 mililitros, o solo será considerado inadequado

Solo cimento: aplicações

O grande segredo no uso do solo cimento é a aplicação da técnica construtiva em muros, tijolos ou paredes monolíticas que são feitas inteiramente através da compactação da mistura de terra e cimento. Esta mistura é socada em uma forma que pode ser para a construção de tijolo ou paredes monolíticas.

Mistura: A dosagem indicada em média, é de uma parte de cimento ou cal para dez a quinze partes de solo. O solo tem que ser peneirado e estar sem torrões. A medição das quantidades, chamado de traço da mistura, deve ser feita cuidadosamente. É preciso verificar o volume de cada equipamento de medição (carrinhos, padiola, baldes, latas...) para que não ocorra alterações na dosagem. Não é recomendado produzir quantidades exageradas de massa, pois o seu limite máximo de durabilidade para aproveitamento na compactação é de 24 horas. Mas quando as misturas são usadas algum tempo após o preparo, é preciso revolvê-la energicamente com as pás para homogeneizar a umidade.

A mistura precisa ser homogênea, com coloração e umidade uniformes. O cimento deve ser adicionado ao solo seco, sem torrões, a terra tem que ser peneirada com malha fina. As chuvas muitas vezes não permitem que a terra reservada para o solo cimento permaneça seca. Para evitar isto, é bom ter sempre um volume de solo seco guardado para misturar com a terra úmida.

Umidade da mistura

A umidade da "masseira" é definida de acordo com a qualidade do solo utilizado, cada solo tem sua umidade ideal. O teor da água é definido por um teste caseiro. Consiste em comprimir uma amostra de solo cimento em uma das mãos, observando as marcas dos dedos na massa. Resultado: Se a marca dos dedos ficar bem definida, a umidade é adequada. se esfarelar, isto quer dizer que a umidade é insuficiente. Se as marcas aparecerem muito molhada, então esta excessiva a umidade. Um outro teste para avaliar a umidade do solo, é jogar uma bola de mistura prensada na mão sobre um chão firme, de uma altura de aproximadamente 1 metro. Resultado: O teor da umidade é aprovado se a massa ao cair no chão ficar parecida como uma farofa. Se não esfarelar, é sinal que a umidade esta excessiva. Neste caso é bom adicionar mais solo e cimento nas mesmas proporções e repetir o teste.

Fundações de solo cimento

Com um monte de mistura já pronto, é hora de testar os efeitos altamente positivos do solo cimento. Que pode ser usada como alicerce e alvenaria. Nas fundações, o solo cimento tem desempenho seguro e eficiente desde que não haja cargas excessivas, e o terreno de apoio tenha boa capacidade de suporte e não apresente tendências a recalques. Caso contrário deve ser feita com concreto. Pode se considerar o dimensionamento em torno de 30 cm de largura para uma profundidade de 20 a 30 cm. A mistura usada para a execução, deve ir mais cimento a terra. Uma dosagem recomendada é a proporção 1:8, 1:6 A própria vala serve de forma para o solo cimento, colocar britas no fundo e adicionar óleo a mistura (para se tornar impermeável).

A BABA DE CUPIM é um excelente produto para ser usado nesta mistura, o solo cimento fica totalmente impermeável através de um processo eletromagnético, além de se tornar mais resistente.

Não há mistérios para executar uma fundação de solo cimento. É preciso ter em mão soquetes com base quadrada, de 20x20 ou 30x60 com dois cabos redondos. Com peso de 4 a 5 quilos, utiliza a própria vala do alicerce como forma. Faça camadas com espessuras máximas de 20cm de cada vez, um pilão redondo ajuda para corrigir pequenas áreas.

Cuidados:

Quanto mais cimento for adicionado, mais a massa irá perder umidade, o cimento utiliza a água para reagir. Quando usamos o cal isto não acontece.

Impermeabilizar o alicerce é muito importante para não termos umidade na nossa parede e com isto comprometer nossa construção.

Alvenaria Monolítica

A parede de solo cimento tem uma característica importante, ser um excelente isolante térmico. O isolamento de uma parede de solo cimento de 20cm é equivalente ao de uma de 30cm de tijolos comuns. Temos que construir uma forma para construção das paredes monolíticas. Esta não deve ser maior em comprimento que 2,5m e não mais que 40 a 50cm de altura. Podem ser de maderit, de 18 mm, com reforços longitudinais. Para a fixação das chapas, pode se fazer seis parafusos nas extremidades, cada parafuso deve ser revestido internamente com tubo de pvc do tamanho da espessura das paredes. As paredes de solo cimento podem ter de 15cm (internas) a 20cm (externas) de espessura.

Como montamos as formas

A obra feita para se construir paredes monolíticas tem que ter estrutura de madeira ou concreto (pontaletes) a cada 2,20 ou 2,50 metros, estes pontaletes terão que ter internamente um revelo (um dente ou rebaixo) para que a parede fique melhor fixada nos pontaletes. Colocamos as formas entre 2 pontaletes e fixamos com os parafusos, uma chapa de maderit de cada lado. Antes é recomendado passar óleo nas formas para ajudar na hora da desmoldagem.

Compactação

O momento de moldar e dar "vida " ao solo cimento é a compactação ato continuo de socar a mistura permite levantar os primeiros painéis que irá constituir nossa parede monolítica. A quantidade de massa de solo cimento deve ser suficiente para que não ocorram paradas de serviço. Com as formas travadas nas laterais das estacas ou guias, com os devidos espassadores para evitar o "embarrigamento" ao se apertar as formas. Para realizar a compactação das paredes, recomenda se o uso de soquetes apropriados, de 2 a 3cm menor que a espessura das paredes. As camadas de solo cimento usadas para a compactação não devem ser mais altas que 20cm. Percebe-se que atingiu o ponto ideal quando se houve um som seco, da batida do soquete na superfície do solo cimento. A desmoldagem é feita após a compactação da forma. E a montagem sobre a camada recém compactada, para a confecção do bloco seguinte da parede, se este processo ocasionar trincas, o melhor é termos dois pares de forma para não desmoldar ao primeira. Após a conclusão das paredes, alisa-se as suas faces com colher de pedreiro, procurando uniformizar o acabamento nas juntas dos vários blocos.

Cura

Para garantir uma boa resistência da parede, é importante evitar a secagem rápida do solo cimento no processo de cura. A expediência mostra que a execução de 2 a 4 molhagem diárias das paredes por uns 15 dias após a conclusão tem sido bem eficiente. Quando não se utiliza qualquer medida para evitar uma secagem rápida, ocorre comprovadamente uma redução na resistência em torno de 40% segundo ensaios. Podemos fazer muita coisa com solo cimento: pisos, paredes, alicerces, telhas e tijolos. Este é um excelente material que até agora ainda não se tornou popular talvez por simples preconceitos.

Mas o solocimento, além da parede de pilão executada como descrito anteriormente, é idealmente preparada para a produção de tijolos ecológicos.

As vantagens desse tijolo são inúmeras: não necessitam de queima, pois são curados à sombra; não necessitam de argamassa, pois são encaixados um no outro e ajustados adequadamente como se verá.

Eis a máquina:

E eis como fica o tijolo:

Eis como fica a construção:

Fora o fato de que é toda a comunidade que trabalha para a produção em mutirão.

Todavia, para colocarmos nosso projeto em prática, precisávamos criar um "evento" na cidade.

Nossa ideia, então, recaiu sobre uma intervenção numa escola pública da cidade.

Anexo

PROJETO DE INTERVENÇÃO NUMA ESCOLA PÚBLICA EM TEFÉ/AM

Este trabalho tem por finalidade contribuir para a construção de estratégias coletivas de enfrentamento dos problemas ambientais que a escola GM3 município de Tefé-AM vem enfrentando por meio de práticas e conhecimentos permaculturais, com o intuito de desenvolver uma educação ambiental, ecológica, proporcionando um desenvolvimento sustentável na referida escola, sem prejudicar o meio ambiente.

A permacultura foi criada em 1970, por meio da observação atenta da natureza. Por isso, tudo que está dentro dela faz sentido e está conectado, assim como o mundo que nos envolve. O melhor meio de entender a permacultura é pela prática, das ações permaculturais.

A ação educacional, consciente do processo de construção das estruturas vivênciais, necessariamente integrará a ação do trabalho nas atividades cotidianas. A educação prática conduz a educação integradora que levará ao entendimento do trabalho como melhor forma de viver e conviver, como indivíduo e como membro de uma comunidade. Com isso, a educação prepara para a vida pelo aprender-fazendo. A cultura, de uma forma ampla, torna-se valorizada por meio de vivências curriculares cuja finalidade está, entre outras coisas, em tornar a escola um lugar em que se possam proporcionar condições para a melhoria da vida do indivíduo, de sua família e da comunidade.

As questões ambientais são cada vez mais levadas em consideração nos programas escolares. Sua importância revela-se indiscutível na formação dos indivíduos. É necessário ensinar cedo aos alunos que a saúde deles depende amplamente da qualidade de sua vida. Vive-se melhor permanecendo em um lugar limpo e ingerindo alimentos saudáveis. Para isso, tal lugar deve ser conservado contra fatores poluidores e tais alimentos precisam ser produzidos sem técnicas e insumos nocivos às pessoas e aos recursos naturais.

Portanto, o presente projeto traduz a vontade da Escola Estadual Dep. Armando de Souza Mendes (GM3) de participar ativamente na luta contra a degradação do meio ambiente. Sua essência é chamar a atenção de cerca de 1.500 pessoas (alunos, professores, funcionários administrativos de escolas e comunitários) sobre a harmonia da natureza e a necessidade de conservá-la.

O projeto envolve a visualização dos sonhos de cada um para a escola, a análise ambiental do pátio escolar, o planejamento coletivo das transformações e a sua implantação. Em meio a esta jornada são trabalhados os conteúdos curriculares, tendo como base a ética e o meio ambiente, junto a dinâmicas que envolvem relações sociais, organização e integração do grupo, resolução de conflitos, arte e cultura.

Os resultados deste trabalho têm sido, entre outros, um pátio escolar mais vivo, mais saudável e mais rico em situações de aprendizagem; alegria e entusiasmo de todos os envolvidos; desenvolvimento de habilidades e criatividade; facilitação da aprendizagem; melhoria da qualidade da merenda escolar; mais profundidade, cooperação e afeto nas relações sociais; difusão de atitudes e valores ecológicos para a comunidade.

1. Tema
PERMACULTURA E O AMBIENTE ESCOLAR

2. Delimitação do Tema
O projeto será realizado na Escola Estadual Dep. Armando de Souza Mendes-GM3, especificamente numa área situada ao fundo da escola.

3. Formulação do Problema
A Escola Estadual Armando de Souza Mendes está localizada na cidade de Tefé, no bairro de Jerusalém, na estrada do bexiga nº 1241 em uma zona periférica da cidade, porém é um ponto estratégico pois no lado esquerdo está o Centro De Estudos Superiores De Tefé – CEST da Universidade Do Estado Do Amazonas – UEA, do lado direito está rua Dom Bosco que faz esquina com a rua Bom Jesus, nesta esquina se encontram as instalações do futuro CENAC.

Existem áreas que poderiam ser trabalhadas com os fundos da escola para a implantação de uma horta, mas estão abandonadas com bueiro destampado servindo como ponto de desova para os mosquitos e carapanã, podendo até ser local de proliferação de doenças.

O projeto trabalhará a transformação desse local em um ambiente saudável, seguindo estratégias que estabeleceram a utilização e a produção sem desperdício implementando sistemas produtivos interligados, mantendo a diversidade, a fertilidade e a estabilidade dos processos naturais.

4. Hipóteses
- A escola é o espaço social e o local em que o aluno dará sequência ao seu processo de socialização. O que nela se faz, se diz e se valoriza representa um exemplo daquilo que a sociedade deseja e aprova. Comportamentos ambientalmente corretos devem ser aprendidos na prática, no cotidiano da vida escolar, contribuindo para a formação de cidadãos responsáveis.

- Considerando a importância da temática ambiental e a visão integrada do mundo, no tempo e no espaço, a escola deverá oferecer meios eficazes para que cada aluno compreenda os fenômenos naturais, as ações humanas e suas consequências para consigo, para sua própria espécie, para os outros seres vivos e o ambiente. É fundamental que cada aluno desenvolva as suas potencialidades e adote posturas pessoais e comportamentos sociais construtivos, colaborando para a construção de uma sociedade socialmente justa, em um ambiente saudável.

5. Objetivos

GERAL

O presente projeto tem por finalidade a aprendizagem de práticas ecológicas que podem ser irradiadas para a comunidade; o desenvolvimento de valores, e habilidades, por meio da organização e produção coletiva; a produção de alimentos orgânicos e enriquecimento da qualidade da merenda escolar; a possibilidade de realização de feiras pelos alunos, com a geração de renda, aprendizagem e autoestima.

ESPECÍFICOS
- Compreender o conceito de permacultura pela vivência:
   a) do trato com a terra;
   b) do respeito e da alteridade (quanto à cultura, à religião, ao nível social, à etnia etc.);
   c) da igualdade e da liberdade (de sentir, pensar e agir);
   d) da solidariedade;
   e) da confiança e da afetividade;
   f) do senso de justiça e responsabilidade;
   g) da ética;
- Desenvolver as técnicas e habilidades da permacultura, buscando uma interatividade da escola com a comunidade, somando os conhecimentos intelectuais com os práticos;

- Aprender a construir biodigestores, fogões solares, coleta de água da chuva, construção de habitação a custo zero, possibilidades de energia alternativa e plantio de hortaliças;
- Realizar feiras, possibilitando a exposção dos trabalhos realizados na escola.

6. Justificativa

Este trabalho tem como finalidade contribuir para a construção de estratégias coletivas.

A parte interna dos fundos da escola encontra-se na situação descrita pelas fotos. Ali, uma fossa aberta e sempre cheia inutiliza esse espaço escolar e compromete toda a escola com mau cheiro e transmissão de doenças, além do perigo instalado pelas impróprias condições da abertura da fossa.

A fossa está há apenas cinco metros do poço que oferta água para toda a Escola.

Como a fossa está extravasada, muito provavelmente o excedente está penetrando no solo e contaminando a água de beber.

Este cenário apresenta os problemas enfrentados pelo dia a dia da escola, com uma fossa saturada que extravasa o tempo todo.

Propomos uma intervenção nesses termos:

Fossa Ecológica – Tanque de Evapotranspiração (TEVAP)

O Tanque de Evapotranspiração (TEVAP) é um sistema de tratamento e reaproveitamento dos nutrientes da água negra (proveniente do vaso sanitário), para produção de flores e frutas. O TEVAP foi dimensionado e construído pelo GEPEC em uma casa no Condomínio Estância Jardim Botânico em Brasília.

Este sistema foi criado por Tom Watson nos Estados Unidos com o nome de "*Watson Wick*" e adaptado por vários permacultores brasileiros. Pelo fundo de um tanque de "ferrocimento" corre um "tubo" feito de tijolos e calhas de cimento pré-moldado em que a água negra chega e após um determinado volume escorre para fora do tubo, ocupando o fundo do tanque. Nesse caminho, a água negra passa por várias barreiras de materiais porosos colonizados naturalmente por bactérias anaeróbias que pré-digerem o efluente, neutralizando os patógenos e mineralizando outros compostos em moléculas mais "acessíveis", para a absorção das plantas que estão na terra logo acima. Após o processo anaeróbio, parte da água é evaporada pelo solo e a outra transpirada pelas plantas. Os sólidos, que representam menos de 1% das águas negra, são consumidos pelas plantas e por toda comunidade de micro-organismos que habitam a zona das raízes. Patógenos que não foram neutralizados no estágio anaeróbio, não sobrevivem no solo – local de intervenção dos organismos da rizosfera.

Dimensionamento

O TEVAP foi dimensionado para uso de duas pessoas – 4m³. Não existe nenhuma norma sobre as dimensões do TEVAP, pois ainda são poucos os estudos técnico-científicos sobre este tipo de tecnologia de saneamento ecológico. No entanto, as observações feitas por muitos permacultores que possuem esse tipo sistema há alguns anos, indicam que 2m³ comporta mais de uma pessoa que usa muito o vaso sanitário. É importante ressaltar que o TEVAP é *indicado* para o tratamento de águas negras (proveniente do vaso sanitário) e não águas cinzas (proveniente das pias, ralos, chuveiros e da lavandeira). As águas cinzas podem ter um tratamento mais simples, o que aumenta as alternativas de reuso. Muitos autores não classificam as águas utilizadas na cozinha como água cinza porque possuem altas cargas de gorduras, detergentes, matéria orgânica e seu tratamento deve ser mais específico.

Após ter cavado um buraco de 4m³ (2m de comprimento e largura e 1m de profundidade), as paredes receberam um reboco fino ("chapisco") de massa forte de cimento e areia lavada (1:3). Por cima, foi fixada uma tela de galinheiro que é rebocado novamente com massa forte espessa. O tanque foi impermeabilizado com vedax plus 18kg, da Anchortec.

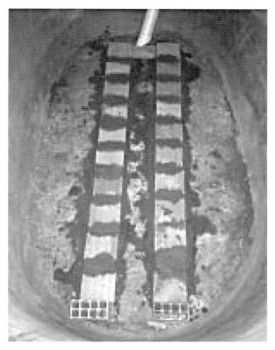

A tubulação que trás o efluente é ligada da caixa de inspeção convencional de "esgoto" ao TEVAP, com uma curva de 45°. A água negra chega até o fundo do tanque em um "tubo" feito de alvenaria, com quatro fiadas de tijolos furados de cada lado, de modo que o efluente, após preencher a base do tubo, percorre para fora. A inclinação de 45° dos tijolos impede que a terra que cobre o sistema não obstrua os tijolos, entupindo o sistema.

Em cima dos tijolos são encaixadas duas calhas de cimento pré-moldado que é cimentado com os tijolos. No local em que a água negra entra no tanque, é instalado um cano de 100mm para inspeção, manutenção e escape de gases. O tanque é preenchido com materiais porosos com granulometria decrescente: primeiro os tijolos depois pedaços de telhas, entulho, brita grande e areia grossa.

Na camada de brita, foi colocado outro tubo de inspeção de 100mm, furado e vedado com uma manta bidim, para permitir apenas a entrada de água, que poderá ser coletada para análise laboratorial. Em cima das britas veio a areia grossa, a terra, um pouco de esterco de gado e composto orgânico para favorecer o desenvolvimento inicial das plantas.

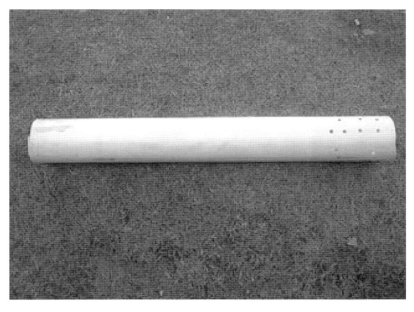

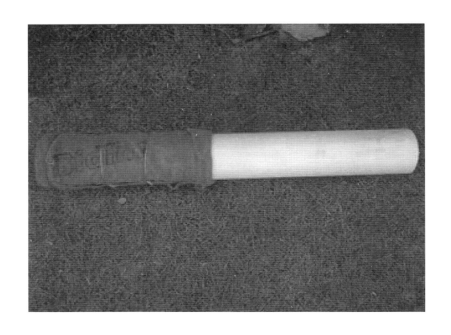

É importante que as paredes do TEVAP fiquem acima do solo, para evitar possíveis sobrecargas ao sistema com o escoamento de água durante chuvas fortes. Também foi instalado um "ladrão", com um cano de 50mm, vedado com manta bidim. O ladrão é direcionado à antiga *fossa séptica convencional* sob o solo.

Também, nesse caso, poderíamos instalar de cada lado do sistema, na ponta do ladrão, os feixes de bambu cavados entre 40 e 60 cm, para dar tratamento aos possíveis excessos.

Foram plantadas bananeiras, mamoeiros e plantas ornamentais como alpinias e copos-de-leite. Outras plantas também podem ser incluídas no sistema, como taiobas, inhames, junco e outras plantas que transpiram muito, que não possuem raízes longas e lenhosas, e que gostam de ambientes alcalinos. Frutos como banana e mamão produzidos no TEVAP podem ser consumidos *in natura;* já as raízes, bulbos e folhas, não se recomenda comer, pois ainda não estão totalmente compreendidas as interações que acontecem no sistema.

As plantas podem ser bioindicadores do funcionamento do sistema, por meio do seu padrão de crescimento, vigor, coloração das folhas e flores. Elas também podem ser analisadas em laboratório, com a intenção de detectar substâncias nocivas ao homem, como metais pesados. Inicialmente o TEVAP dever ser irrigado, até que o sistema entre em funcionamento autônomo.

Durante os trabalhos de pesquisa, encontramos experiências com fossas para regiões alagadas:

Bambu barateia tratamento de esgoto doméstico
por Antonio Roberto Fava

Um cilindro de aproximadamente um metro e meio de altura por 0,76 m de diâmetro, com fundo de forma cônica. Dentro, 70 quilos de caule de bambu cortados em pedaços de 6 cm de comprimento. Com esses componentes, pesquisadores do Departamento de Saneamento e Ambiente (DSA) da Faculdade de Engenharia Civil, Arquitetura e Urbanismo (FEC) da Unicamp, coordenados pelos professores Bruno Coraucci Filho e Roberto Feijó de Figueiredo, desenvolveram um dos mais baratos e eficientes métodos para o tratamento de esgoto doméstico. Esse sistema alternativo aos tradicionalmente empregados, denominado de reator anaeróbio com recheio de bambu, pode ser utilizado no tratamento de esgoto de pequenos e médios municípios brasileiros.

De acordo com o doutorando Adriano Luiz Tonetti, da FEC, esse método, combinado com outros sistemas complementares de tratamento – filtros de areia, valas de filtração, escoamento superficial e irrigação de cultura agrícola – possui a capacidade de produzir um efluente que possa ser reutilizado ou que, no caso de ser lançado em um corpo hídrico, não cause danos ao ambiente. Todos esses projetos são desenvolvidos na Estação de Tratamento de Esgotos Graminha, localizada na cidade de Limeira, a 60 quilômetros de Campinas.

DSA desenvolve série de pesquisas

Ressalte-se que o Departamento de Saneamento e Ambiente (DSA) está desenvolvendo uma série de pesquisas voltadas para a instalação de métodos alternativos de tratamento de esgoto doméstico que sejam simples, eficientes e adequados às condições econômicas brasileiras, de modo que possam ser aplicados em cidades de pequeno porte populacional, localidades isoladas, pequenas propriedades (sítios, chácaras), condomínios fechados, postos de gasolina e restaurantes de beira de estrada e hotéis de campo, por exemplo.

Eficiência compatível – Para a realização do estudo e avaliação da eficácia no tratamento do esgoto, uma parte do material que chega à estação é inicialmente desviada para ser processada por meio dos reatores anaeróbios. Esses reatores cilíndricos, que possuem em seu interior os caules de bambu, recebem o esgoto bruto na sua parte inferior que, no percurso até a região superior, entra em contato com microrganismos que aderem à superfície dos pequenos pedaços de bambu. Esses microrganismos acabam utilizando os compostos orgânicos e nutrientes contidos no esgoto, e seu processo metabólico acaba resultando na decomposição do material poluente.

"Trata-se de um sistema que já apresenta uma eficiência bastante compatível com os métodos tradicionais adotados nas estações de tratamento das grandes cidades brasileiras", segundo Saulo Bruno Silveira e Souza, pesquisador que está concluindo o mestrado na FEC.

O sistema proposto pelos pesquisadores da Unicamp possui baixa utilização de equipamentos mecanizados, uma vez que emprega materiais baratos e facilmente encontrados em diversas localidades, propiciando considerável vantagem de um tratamento simples e visivelmente econômico. No caso estudado, entravam no reator 10 litros de esgoto por minuto e o tratamento efetuado apresentou uma eficiência de aproximadamente 70% quanto à remoção de matéria orgânica "que, se lançada num manancial (ou qualquer outro curso d'água), afetaria consideravelmente a vida aquática do rio", observa o doutorando Adriano Luiz Tonetti.

Depois de passar pelo reator de bambu o esgoto, parcialmente tratado, evidentemente mais limpo, vai para um tratamento complementar, onde o líquido é aplicado sobre um filtro de areia. "O efluente que sai desse segundo reator pode ser reutilizado para uma série de outras finalidades, como por exemplo para descarga sanitária, lavagem de calçadas, jardinagem ou qualquer outra atividade doméstica. Não serve, é evidente, como água potável ou para ser utilizada na cozinha, para o preparo de alimentos", ressalva Adriano.

Verificou-se que os resultados obtidos por meio desse processo foram superiores às expectativas: as normas brasileiras determinam que se aplique, no máximo, 100 litros de esgoto por metro quadrado de superfície de areia. No entanto, chegou-se a aplicar três vezes mais volume de esgoto e o resultado obtido foi bastante superior ao definido pela legislação, garante o pesquisador.

Como Funciona

Reator anaeróbio com recheio de bambu: efluente pode ser reutilizado

- Saída do esgoto parcialmente tratado
- Preenchimento com pedaços de bambu
- Entrada do esgoto bruto

Pesquisadores usaram quatro filtros

Para a realização desses estudos, os pesquisadores da FEC construíram quatro filtros com quatro tamanhos diferentes para seus leitos de areia com 25, 50, 75 cm e l metro de espessura. Pode-se verificar também que cada profundidade dos filtros de areia gerava um tratamento diferenciado e, em muitos casos, o leito mais profundo produzia uma água totalmente translúcida, "praticamente isenta de contaminantes", explica Adriano.

Uma outra alternativa para a complementação do tratamento do esgoto liberado pelos reatores de bambu seria a sua aplicação em pequenas valas de filtração. "O que isso quer dizer é que, nesse caso, a camada de areia foi enterrada e recoberta pelo solo encontrado na própria região da execução do projeto. Além desse sistema ter apresentado uma grande eficiência, traz ainda como diferencial a vantagem de poder ser instalado no fundo de um quintal ou em uma pequena chácara ou sítio, não prejudicando a circulação de moradores", conclui o pesquisador.

Um outro processo estudado refere-se ao "escoamento superficial" – pesquisado pelo aluno de pós-doutorado Ronaldo Stefanutti –, que por meio do qual o líquido que sai dos reatores com recheio de bambu é disposto na parte superior de uma rampa de tratamento e, no percurso até chegar à parte baixa da inclinação, entra em contato com um tipo especial de grama ou capim. Saulo Bruno explica que é preciso destacar que "a planta adotada nessa pesquisa, beneficiada pela riqueza de nutrientes presentes no esgoto, pode crescer de forma bastante vigorosa. Dessa forma, pode-se ter, como benefício, o seu possível uso para a alimentação de animais", diz.

Esse processo já está sendo utilizado no município de Populina, no Estado São Paulo, com 20 mil habitantes, cujo resultado tem-se revelado "bastante satisfatório". Um outro projeto semelhante foi idealizado para o tratamento de esgotos da cidade de Jaguarão, no Rio Grande do Sul. Nesse caso, teve-se a transferência de tecnologia através da parceria da FEC e UFRS com a empresa de saneamento gaúcha Companhia Riograndense de Saneamento (CORSAN).

Destinado ao tratamento de esgoto, outro sistema que obteve êxito nos estudos refere-se à irrigação de uma cultura de milho. Como resultado, verificou-se que o líquido que atingia o lençol d'água subterrâneo possuía baixíssimo potencial de contaminação. "Pudemos certificar que o milho produzido na plantação, além de uma melhor produção, tinha uma aparência mais robusta, quando comparado àquele cultivado exclusivamente com água e adubação química", lembra Saulo.

Sem acesso à rede

Com base em dados do IBGE, Adriano diz que 58% da população brasileira não têm acesso à rede coletora de esgoto. E mais: 84% dos municípios do país não possuem nenhum tipo de tratamento para o esgoto que é coletado. A quase totalidade desses resíduos é despejada in natura nos cursos hídricos, aumentando a insalubridade e mortalidade que afetam a população brasileira.

Nesse sentido, buscamos implementar uma metodologia de integração e auto-organização tão características do movimento Ajuri, buscando desenvolver processos de alfabetização cultural e de enfrentamento e resolução de problemas cotidianos.

Essa integração e auto-organização irá ocorrer por meio do trabalho, baseado em pesquisas locais e exógenas acerca do desenvolvimento de tecnologias que gerem convivência, em que cada um dos participantes possa se apropriar do resultado e agir como um dispersor, levando o novo saber adquirido para outras relações.

Dois movimentos serão iniciados: integrar universidade/prefeitura/sociedade civil e integrar estudantes dos três níveis de ensino em ações imediatas.

Estas ações consistem dois outros movimentos transversais que necessitam de posturas interdisciplinares ousadas.

O primeiro concebe cinco pontos de atuação: habitação, energia, água, saneamento e alimentação.

Estes cinco pontos pressupõem um caminho de autonomia com alto índice de qualidade de vida.

Habitação consiste em resgatar formas estruturais e biodinâmicas com *design* altamente sofisticado em que os construtores não necessitam de nenhuma especialidade.

O segundo diz respeito às alfabetizações culturais, com o enfrentamento de problemas com propostas de encontros de desenvolvimento cultural, em que os participantes definem o problema e o modo de atuar sobre eles.

Para isso necessitamos de um conceito mais amplo de atuação. Esse conceito é o de permacultura.

PERMACULTURA

Definição

Já vimos como a permacultura é um sistema integrador não só de técnicas, mas de pessoas, estabelecendo uma fronteira virtuosa entre as questões de sobrevivência, de relações sociais, culturais e econômicas, buscando nos ensinamentos ancestrais e na própria natureza uma postura sempre aberta para a criatividade e para um olhar inovador sobre velhos problemas.

Nesse sentido, não é um sistema especializado, mas um método de integração global que envolve inúmeros componentes da atividade humana. Dessa forma, integra-se oportunamente os saberes tradicionais, o conhecimento acadêmico de todas as áreas, com uma busca pela simplicidade e pela beleza, pela suficiência.

Sendo assim, não existe um limite para a aplicação da permacultura, já que o seu vínculo mais produtivo se dá nas relações interpessoais que erradicam aquele que sabe daquele que não sabe, intensificando o respeito para vozes dissonantes em busca de um caminho que nunca estará previamente traçado.

Devemos, pois, ouvir os ecos de uma ética claramente formulada:

> Todas as manifestações humanas se regem por determinados parâmetros de ação e reação, sejam vontades, desejos, impulsos intuitivos e instintivos, leis, valores morais, espirituais, culturais, materiais, filosóficos, éticos, etc...
>
> Em Permacultura Bill Mollison resumiu três valores éticos básicos que estão intrinsecamente ligados entre si, sem que os dois primeiros não poderão existir a longo prazo um sem o outro.
>
> <u>Cuidar da Terra</u> – Todos os seres vivos animados e inanimados seja um grão de terra ou uma montanha, uma planta minúscula ou uma floresta, uma formiga ou uma baleia, do mar ou da terra, do ar e em última análise todo Universo.
>
> <u>Cuidar das pessoas</u> – Este valor ético está interligado com o anterior pois não é possível cuidar bem das pessoas (começando

por nós próprios) sem cuidarmos da terra e vice-versa. Assim, todos os seres humanos têm o dever de procurar e o direito a receber alimento, abrigo, cuidados de saúde, amor, educação, trabalho, entre outras necessidades para que assim se possam manifestar como seres participativos no longo processo da Vida.

Aplicar limites ao consumo e partilhar os recursos – Para que todos os seres existentes tenham oportunidades semelhantes de se manifestarem, é importante que cada um de nós contribua com dedicação aos outros. Assim que cada um de nós conseguir garantir as suas necessidades básicas (alimentação, abrigo, saúde, educação) deverá estabelecer os seus limites e estender os seus conhecimentos, capacidades e valores a ajudar os outros a consegui-lo também. Cuidar da terra e das pessoas só é possível se existir colaboração entre todos partilhando os infindáveis recursos que o Universo nos proporciona, no entanto para que estes recursos sejam equitativamente distribuídos no tempo e no espaço é necessário que cada indivíduo saiba o que é ter o suficiente e tenha somente o suficiente[23].

Assim, podemos pensar numa rede de conexões que ligue várias instituições interessadas, tanto interna como externamente.

1. Local de intervenção inicial:
Escola Estadual Deputado Armando de Souza Mendes (GM3)

2. Proposta de trabalho: primeiros passos (basicamente, no início, com população escolar: ensino fundamental, médio, graduação, pós-graduação, professores)
IDENTIFICAÇÃO DE PROBLEMAS
a) A escola queima o próprio lixo no ambiente escolar;
b) O esgoto, saturado, está exposto a céu aberto;
c) Não há práticas recicláveis;
d) Não existem ações empreendedoras visando a relação com a comunidade;
e) Inexistem ações interdisciplinares.

---
[23] http://www.nelsonavelar.com/permacultura/permacultura_def.htm

AÇÕES E INTERAÇÕES
a) Degustação de frutas locais com um 8º ano do período da tarde;
b) Compostagem com o lixo orgânico;
c) Ampliação como envolvimento de uma turma do ensino médio;
d) Intenção da abordagem: diálogo e troca de informações e experiências (sondagem);
e) Explicação dos princípios da Permacultura.

3. Interações

A médio e longo prazo, podemos estabelecer integrações horizontais e verticais com possibilidades estimulantes

PARCERIAS COM UNIVERSIDADE.

INTERDISCIPLINARIDADE:
Matemática (habitação)
Física (energia solar)
Química (água)
Biologia (alimentos e mudas)
Geografia (solos e compostagem)
História (experiências, saberes e sociabilidades)
Línguas (resgate das vozes da floresta – interesse de grupos em resgatar as línguas originárias em função das leis de territorialidades indígenas)
Sociologias da saúde (sexualidades)

MOVIMENTOS TRANSDISCIPLINARES
Casas biodinâmicas
Casas estruturais
Casas com conforto térmico – homeostase
Casas com controle de pragas e insetos
Casas com outras possibilidades e sociabilidades internas e externas
Casas com telhados vivos
Casas com disposições geométricas solares adequadas (nascente/poente) de luminosidade e de vento (trajetórias e adequações) – gps
Habitações endêmicas da região do médio solimões (madeira – paxiúba, palha e bambu)

Pesquisa sobre as antigas formas de habitar da região e resgate das técnicas.

ALIMENTOS
Desidratação
Alimento "vivo"
Propriedades curativas dos alimentos e seu preparo adequado:

> Para ser saudável e nutritiva nossa dieta alimentar deve ser bem balanceada, pobre em proteína animal e rica em carboidratos naturais, não refinados. Isso pode ser conseguido se nos apoiarmos em três alimentos básicos: cereais integrais, legumes e frutas. Ainda mais importantes que a composição detalhada da nossa dieta são os três requisitos seguintes: nossos alimentos devem ser *naturais*, consistindo em alimentos orgânicos em seu estado natural e inalterado; devem ser *integrais*, completos e não refinados ou enriquecidos. Devem ser *isentos de venenos*, isto é, cultivados organicamente, sem resíduos químicos venenosos ou aditivos tóxicos. Esses requisitos dietéticos são extremamente simples e, no entanto, é quase impossível atender a eles no mundo de hoje[24].

ÁGUA
Coleta
Limpeza de águas cinzas
Limpezas de águas de banho e pia

ENERGIA
Solar
Hídrica
Eólica
Mecânica
Termal

SANEAMENTO
Banheiro seco
Banheiro compostado (minhocário)
Banheiro ecológico

---

[24] CAPRA, Fritjof. **O Ponto de Mutação, a Ciência, a Sociedade e a Cultura Emergente**. Tradução de Newton Roberval Eichemberg, São Paulo: Cultrix, 1982, p. 224.

PARCERIAS COM O PODER PÚBLICO E SOCIEDADE CIVIL

Movimentos disciplinares (poder) e indisciplinares (emergência).

A cidade pode ser um atrativo de turismo educacional em permacultura, em que a presença do turista integra-se à construção, por exemplo, de cisternas de ferrocimento em comunidades ao longo do rio, cuja relação entre cheias e secas acabam por afastar cada vez mais a comunidade do rio.

Reciclagem de lixo urbano (compostagem, plástico, metal, vidro, papel).

Distribuição de mudas e sementes – assistência técnica para agricultura rural e urbana.

Reflorestamento (parceria engenharia florestal e mateiro).

Tijolos sem queima de carvão (solocimento).

Educação holística (oficinas de quadrinhos, rádio, fotografia, vídeo, informática, jornal, grafite, skate, artesanato, música, dança, etc.) – visando atingir problemas como violência urbana, gravidez na adolescência, prostituição.

Reciclagem de óleo de cozinha usado para fábricas coletivas de sabão e para utilização como combustível dos caminhões de coleta de lixo urbano (da própria prefeitura, como biodiesel).

Oficinas de construção de canoa (parceria engenharia naval e artesão).

Práticas de trabalho em casas de farinha e ajuri.

Oficinas de danças ticuna.

Oficinas de cantos tucano.

Oficinas de ritos xamânicos dos maiuruna.

Oficina de pesca (parceria engenharia de pesca e pescadores).

Turismo ajuri – construção de cisternas e reservatórios de água de ferrocimento nas comunidades, aberto para visitantes que queiram apreender as técnicas e conviver num trabalho coletivo para a solução de problemas locais e, por ressonância e emergência, planetários.

9

Tempo de Compreensão

Ainda hoje, mais de 50% de todas as habitações do planeta são feitas de barro. No Brasil, até o final do século XIX, a técnica construtiva de todas as habitações era a taipa.

Os taiperos eram abundantes e dominavam o seu ofício. No entanto, hoje restam poucos nomes desses oficiais. Robert Slenes, em seu livro *Senhores e subalternos no Oeste Paulista*[25], registra Gurgel Mascarenhas e Pedro Mascarenhas, pai e filho que exerciam a profissão de taipeiros em Campinas nos anos de 1820.

Há também o Janjão, construtor de casas de taipa no Vale do Paraíba e que aparece no livro de Antonio Dias de Andrade, *Arquitetura Rural e Institucional, exemplos de fazendas*, volume 2 e no livro *Panorama geral do Vale do Paraíba, detalhes construtivos*, volume 1.

Os feitos desses artífices, contudo, são mais perenes. O casarão do Chá de Mogi das Cruzes, algumas casas de Indaiatuba, todas as igrejas coloniais de cidades como Ouro Preto, Porto Seguro e Paraty, além de outras inúmeras construções ainda de pé, tem muito mais que 300 anos e atestam a resistência, a ade-

---
25 *História da Vida Privada*. Cia das Letras, Vol. 2, p. 283.

quação ao clima e ao jeito de habitar tropical e a durabilidade dessa técnica, consistindo em excelente isolante térmico e sonoro.

A fundação era de pedra e tinha entre 50 e 70 cm de largo, sobre a qual subiam as paredes, na mesma medida. A mistura consistia em socar argila misturada com estrume, óleo de baleia, conchas e capim, afixadas em caixas que impediam o espalhamento do material, pilado até o ponto de endurecimento máximo. Essa, aliás, era a estrutura da habitação. Não havia necessidade de colunas de ferro e outros invenções que só vieram depois.

Contudo, ao final do século XIX e início do XX, com a república e a ideia de progresso e de similaridade com as modas europeias, a construção de taipa foi proibida e seus artífices foram perseguidos até o seu completo desaparecimento.

Em seu lugar vieram os engenheiros e as construções de alvenaria com estruturas calculadas por meios técnicos. Esse saber milenar simplesmente desapareceu para que quem quisesse construir tivesse que "comprar" não somente a mão de obra, mas principalmente os materiais que passaram a ser vendidos em casas de construções.

As hortas foram igualmente erradicadas nos anos 1970 de quase todas as casas com a chegada dos supermercados; casas que já não admitem piso de terra e impermeabilizam todos os espaços, menos os esgotos, sejam as fossas negras ou os coletores que são cotidianamente despejados nos rios.

Os alimentos que consumimos estão tão soterrados de venenos e conservantes químicos que nos condenam a todos, quase com certeza, a uma morte por câncer, se escaparmos dos tiros e dos acidentes de trânsito com seus índices de fatalidade.

As pessoas vêm sendo sistematicamente apartadas da terra. Aqueles que nasceram depois dos anos 1970 não conhecem o sentimento arrebatador de tocar a terra com os pés no chão. As mulheres jogam toneladas de água sobre seus impermeáveis quintais de cerâmica e os jardins suspensos são cada vez mais comuns. As plantas habitam vasos e a agricultura se fechou numa redoma de plástico e de venenos e fertilizantes químicos.

A terra virou sinônimo de sujeira, de atraso, de falta de desenvolvimento, enquanto o asfalto e o cimento parecem muito mais adequados à soberania do automóvel.

Só a merda parece não encontrar obstáculos em seu caminho para a terra. Há alguns anos acompanhei um grupo de estudantes num protesto até a Secretaria Estadual de Recursos Hídricos contra os moradores de um bairro de alto nível em Barueri. Os cultos e ricos moradores de Alphaville despejavam, e talvez ainda despejem seus esgotos num riozinho que abastece o lago do Parque Ecológico do Tietê com claros sintomas de morte lenta, porém determinada, mas pouco importa, pois se não jogam mais ali, jogam com certeza no rio Tietê. Embora não vejam, sua merda polui tanto quanto a merda dos pobres, onde o esgoto corre a céu aberto.

O resgate desses saberes, portanto, é muito mais que um mero gesto econômico ou estético. É um gesto político que se abre para a autonomia e a independência, sem abrir mão de conforto e beleza e de uma qualidade de vida que só tinham nossos ancestrais.

Não devemos dar muito crédito ao sistema que nos domina atualmente. Ele é relativamente muito mais recente do que imaginamos:

> Muitas vezes ouvimos o argumento de que o capitalismo existe há 5.000 anos e que, portanto, é tolice queixar-se da existência do McDonald's ou Starbrick's ou outras óbvias emanações do capitalismo. Se você definir o capitalismo como, digamos, "pessoas ricas usando seu dinheiro para ganhar mais dinheiro", então certamente pode afirmar que ele existe há muito tempo. Mas nesse caso, você também teria de admitir que o capitalismo conseguiu existir por pelo menos 4.950 anos sem criar algo remotamente parecido com uma franquia de lanchonetes.
>
> Usar esse argumento para considerar esse fato como inevitável parece muito estranho. Mesmo fazer uma versão mais sofisticada desse argumento – digamos, definir o capitalismo como um sistema mundial em que a economia global é dominada por financistas e

industriais privados movidos pela necessidade de continuamente expandir suas operações e conquistar lucros sempre maiores – e dizer que, portanto o capitalismo existe desde 1492, ou talvez 1750, também significaria que uma economia mundial capitalista ainda pode encontrar espaço para fenômenos como o Império Otomano, a União Soviética ou as elaboradas redes de troca de porcos na Papua Nova Guiné. Em outras palavras, quase qualquer coisa. Ainda há espaço para experiências sociais.

Alternativamente, se definirmos o capitalismo como uma vasta máquina movida por enormes corporações e consumo de massa determinado a abraçar todo o globo, então estaremos lidando com uma criatura que existe em uma parcela minúscula, quase infinitesimal, da história mundial. Honestamente, qual é a probabilidade de que um sistema que existe há apenas algumas décadas dure pelo resto da história humana? Realmente acreditamos que, se a China, por exemplo, tornar-se a hegemonia global no final do século, o mundo será conduzido exatamente da mesma maneira? Qual a probabilidade de que daqui a 50 ou cem anos o mundo seja dirigido por corporações maciças empregando trabalhadores assalariados, vendendo seus produtos por meio de redes de consumo e envolvidas numa expansão interminável em busca de lucros?

Colocada nesses termos, a pergunta torna-se óbvia. A questão não é se o capitalismo em sua forma atual será substituído. A questão é pelo quê: uma forma diferente de capitalismo? Um sistema totalmente novo? Um conjunto heterogêneo de sistemas econômicos? E, é claro, alguma coisa que substitua o capitalismo será melhor ou ainda mais catastrófica para a maioria da população mundial? Ao insistir que o capitalismo em sua forma atual é o fim da história, estamos efetivamente nos excluindo do que provavelmente será uma das mais importantes conversas na história humana[26].

Uma casa que você fez, uma casa autônoma, capacitada e reutilizar a água que se coleta das chuvas e que irriga as hortas e frutas e o plantio de cereais, instalada com mais de um coletor natural de energia, transformando seu esgoto em pro-

---

[26] GRAEBER, David. O Carnaval está em Marcha. In: Jornal **Folha de S. Paulo**, 14 de Agosto de 2005.

dutos que podem ser reutilizados no mesmo ambiente ou em gás de cozinha, seria capaz, sem muito exagero, de superar um sistema como esse.

Senão, já seria maravilhoso só por vivermos sem as aporrinhações do trânsito, dos bancos, dos impostos, dos médicos, dos professores, dos patrões e dos empregados.

Então, essa é uma das possibilidades de mudar o mundo sem tomar o poder.

Mas devemos ansiar mais que isso, ou menos, dependendo da perspectiva. Espera-se que esses equipamentos, mediações que congregam um grupo de pessoas, promovam o surgimento de uma egrégora.

> Egrégora (do grego *egrêgorein*, velar, vigiar), é como se denomina a *entidade* criada a partir do coletivo pertencente a uma assembleia.
>
> Segundo as doutrinas que aceitam a existência de egrégoros, estes estão presentes em todas as coletividades, sejam nas mais simples associações, ou mesmo nas assembleias religiosas, gerado pelo somatório de energias físicas, emocionais e mentais de duas ou mais pessoas, quando se reúnem com qualquer finalidade.
>
> Assim, todos os agrupamentos humanos possuem seus egrégoros característicos: as empresas, clubes, igrejas, famílias, partidos etc., onde as energias dos indivíduos se unem formando uma entidade (espírito) autônoma e mais poderosa (o egrégoro), capaz de realizar no mundo visível as suas aspirações transmitidas ao mundo invisível pela coletividade geradora. Em miúdos, um egrégoro participa ativamente de qualquer meio, físico ou abstrato.
>
> Quando a energia é deliberadamente gerada, ela forma um padrão, ou seja, tem a tendência de se manter como está e de influenciar o meio ao seu redor. No mais, os egrégoros são *esferas* (concentrações) de energia comum. Quando várias pessoas têm um mesmo objetivo comum, sua energia se agrupa e se "arranja" num egrégoro. Esse é um conceito místico-filosófico com vínculos muito próximos à teoria das formas-pensamento, onde todo pensamento e energia gerada têm existência, podendo circular livremente pelo cosmo.

Podemos exemplificar o egrégoro analisando um hospital. O principal objetivo dos que ali estão é promover a cura (independente de um êxito ou não) ou serem curados; portanto, um hospital carrega consigo um "egrégoro" que busca a cura. Onde está esse egrégoro? No chão, nas paredes, no nome, recebendo e influenciando o *espírito* dos frequentadores do hospital, dos funcionários, dos pacientes e visitantes. Muitas mentes voltadas para um único objetivo, eis a concentração de energia!

Da mesma maneira, uma missa, um encontro de algumas pessoas (ou muitas) voltadas para promover um mesmo fim (a cura de alguém, o fim de um problema e a superação de uma perda) tem um grande poder de formação de egrégoros. (Wikipédia)

E essa ambição nutre muitas vidas.